마약류 중독자를 위한
자기사랑하기 프로그램

| 박상규 지음 |

학지사
www.hakjisa.co.kr

여는 글

　이 책은 원래 마약류 중독자를 상담하는 분이나 가족, 그리고 중독으로부터 벗어나려고 노력하고 있는 중독자 본인이 사용할 수 있도록 구성되었다. 그러나 알코올 중독, 담배 중독, 인터넷 게임 중독, 도박 중독, 섹스 중독 등의 여러 다른 중독자들도 응용하여 사용할 수 있도록 하였다.

　마약류 중독자들을 상담함에 있어서 가장 중요한 것은 자신이 중독자라는 사실을 받아들이고 지금부터라도 약물을 사용하지 않으려는 마음을 가지게 하는 것이다. 마약류 중독자를 성공적으로 상담했다는 것은 마약류 중독자가 약을 전혀 하지 않고 생활을 잘 하는 것이라 할 수 있다. 그러나 마약류 중독자에 대한 상담의 목표를 완전한 단약에 두는 것은 상담자를 지치게 만든다. 마약류 중독자는 변화에 대한 동기가 부족하며 일시적이나마 마약이 주는 쾌감이 너무나 강렬하기 때문에 치료가 쉽지 않다. 중독자를 변화시키기 위해서는 단계적인 상담 목표가 필요하다. 자신이 중독자라는 것을 솔직하게 인정하고 지금부터 약

을 하지 않으려는 동기를 가지게 하는 것이 일차적 상담의 목표
가 될 수 있다. 그리고 이 목표가 달성되면 점차 마약을 하지 않
는 기간이 길어지고 사용하는 약의 양이 줄어들게 되는 일차적
인 상담의 효과가 나타난다.

단약에 대한 동기를 불어넣기 위해서는 자기를 이해하고 사랑
하는 것이 중요하다. 있는 그대로의 자기를 바라보면서 자기를
사랑할 수 있게 되면 마약이 싫어지게 되기 때문이다.

마약류 중독자의 회복을 위한 여러 이론과 접근 방법이 있으
나 본 프로그램은 자기사랑을 통하여 마약류 중독자들이 스스로
단약하고자 하는 데 도움이 되도록 하였다. 자기가 중독자라는
사실을 받아들이고 변화하려는 마음을 가져야 누군가의 도움을
받을 수 있다. 나를 성숙시키거나 나를 짓밟는 것 모두가 내 마
음가짐에 달려 있다. 비록 자신이 마약류 중독자였지만 무한한
잠재력과 귀중한 보물을 갖고 있음을 깨닫고 자기를 사랑해야
한다. 현재의 사실을 부인하여 자존심을 유지하는 것이 아니고
있는 그대로의 귀중한 자신을 살펴보면서, 자기를 사랑하게 되
는 것이다. 나 자신을 있는 그대로 보면 스스로를 통제할 수 있
게 되고 개성을 살려 나갈 수 있을 것이다.

책의 앞부분에는 마약류 중독과 관계되는 기본적 이론을 간략
하게 기술하였다. 다음에는 자기를 사랑하기 위해서 알아야 할
자기란 무엇이고 자기사랑하기 요소에는 어떤 것들이 있으며 어
떻게 사랑해야 할 것인가에 대한 내용들을 기술하였다.

마약류 중독자를 상담하려는 사람들의 경우에는 이 내용을 중
심으로 진행할 수 있게 서술하였고 중독자의 가족 혹은 마약이
나 알코올 중독으로부터 회복되고자 하는 사람들에게는 자기사

랑하기 프로그램의 내용을 읽고 스스로 따라할 수 있도록 구성하였다.

이 책이 나오기까지 도와주신 분들에게 감사를 드린다. 이 글을 꼼꼼히 읽어보시고 조언과 격려를 해주신 원구연 원장님과 현도사회복지대학교 송종용 교수님께 감사드린다. 또한 많은 학생들이 이 책을 만드는 과정에서 직접·간접적으로 수고를 아끼지 않았다. 꽃동네 현도사회복지 대학교의 양선미, 이석환, 최가람, 김현정, 장선화 학생 등에게 감사드린다. 국립부곡병원 마약류 진료소의 권도훈 의료부장님과 서미애 수간호사님은 중요한 자료를 제공해 주시고 여러 가지 도움을 주셨다. 중독자의 수기를 보내주신 분들에게도 깊이 감사드린다. 이 분들이 원하는 대로 회복되기를 바란다. 이 책이 교정되고 편집되는 과정에서 도움을 주신 학지사 편집부 여러분에게 감사드린다. 마지막으로 이 책을 기꺼이 출판해 주신 학지사 김진환 사장님께 깊이 감사드린다.

2003년 1월
박상규

차 례

| 제1장 | 마약류 중독 | 11 |

1. 마약류 중독의 이해 ·················· 13
2. 마약류 및 알코올 중독자의 수기 ·············· 24
3. 마약류의 종류 ······················· 38
   1) 중추신경흥분제/ 39
   2) 중추신경진정제/ 42
   3) 환각제/ 43
   4) 흡입제/ 45
4. 마약류 중독의 원인 ···················· 46
   1) 생물학적 요소/ 46
   2) 심리적 요소/ 48
   3) 사회적 요소/ 50
   4) 생물심리사회적 요소/ 51
5. 마약류의 검사 ······················· 52
   1) 소변검사/ 53

2) 모발검사/ 53

6. 마약류 중독자에 대한 심리학적 평가 ·············· 54

1) MMPI/ 55

2) SCL-90-R/ 55

3) BDI/ 56

4) 상태-특성불안 척도/ 58

5) 자아존중감 척도/ 61

6) 삶의 느낌 척도/ 62

7. 마약류 중독자를 위한 상담 ························· 66

1) 상담의 대표적 이론/ 68

2) 자기사랑지향적 상담/ 85

3) 기본적 상담기법/ 88

4) 마약류 중독자의 성격 특징/ 90

5) 마약류 중독자에 대한 상담원칙/ 92

6) 마약류 중독 상담자의 특성/ 92

7) 마약류 중독 상담자의 역할/ 93

8) 재발방지를 위한 전략/ 97

9) 마약류 중독의 예방/ 103

제2장	자기사랑	105

1. 자 기 ·· 107

2. 자기사랑의 구성요소 ································· 112

3. 자기사랑 어떻게 할 것인가 ·················· 115

1) 있는 그대로 자기 바라보기/ 115

2) 자기 몸 보살피기/ 120

3) 스트레스 관리하기/ 121

4) 장점 알아보기/ 126

5) 자신의 욕구를 알고 충족시켜주기/ 126

6) 용서하고 감사하기/ 128

7) 인생의 의미 알아보기/ 129

8) 대인관계 잘 하기/ 130

9) 기도하기/ 130

4. 자기사랑과 명상 ·· 131

1) 마음챙김 명상/ 132

2) 수식관 명상/ 134

제3장 자기사랑하기 프로그램　　137

1. 마약류 중독자를 위한 자기사랑하기 ··············· 139
   프로그램의 목적

2. 마약류 중독자를 위한 자기사랑하기 ··············· 140
   프로그램의 특성

3. 자기사랑하기 프로그램의 실제 ························ 141

1) 프로그램의 진행절차/ 141

2) 각 회기별 주제/ 142

3) 프로그램의 운영/ 143

4. 자기사랑하기 프로그램의 효과 ······················ 171

5. 자기사랑하기 프로그램 시행 후의 ················ 174
   소감문 내용

참고문헌 ··· 177

| 제4장 | 부 록 | 183 |

부록 1. 자기사랑하기 프로그램의 효과에 ·········· 185
　　　대한 설문지
부록 2. 국립부곡병원 부설 마약류 진료소 ········ 187
　　　병동 주간 프로그램
부록 3. 마약류관리에 관한 법률 ······················· 188
부록 4. 마약류관리에 관한 법률 시행규칙 ········ 224

찾아보기 ······································· 245

제1장 마약류 중독

1. 마약류 중독의 이해

2. 마약류 및 알코올 중독자의 수기

3. 마약류의 종류

4. 마약류 중독의 원인

5. 마약류의 검사

6. 마약류 중독자에 대한 심리학적 평가

7. 마약류 중독자를 위한 상담

마약류 중독

1. 마약류 중독의 이해

세상이 점점 복잡하고 급변할수록 사람들은 좀더 자극적인 것을 찾게 된다. 게다가 가정불화나 실업, 건강문제, 사회적 소외감, 자존심의 손상과 같은 여러 요인들은 쾌감을 주는 외부적 자극을 찾게 하는 원인이 되기도 한다. 어떤 사람은 담배를 피우는 것으로, 어떤 사람은 대마초를 피우는 것으로, 어떤 사람은 알코올을 섭취하는 것으로 어떤 사람은 섹스를 통하여, 어떤 사람은 도박을 함으로써, 어떤 사람은 하루종일 TV를 시청함으로써, 어떤 사람은 사이비 종교나 특정 이념에 빠짐으로써 그리고 어떤 사람은 필로폰 주사를 맞게 됨으로써 현실의 고통으로부터 도피하여 즐거움을 찾으려 한다. 이러한 중독심리의 공통점은 스스로 만족하지 못하고 고통스러울 때 외부로부터 만족과 위안을 찾으려 한다는 것이다. 그러나 중독자는 만족을 얻기 위하여 점점 더 강렬한 자극을 구하려 하다 보니 현실과는 자꾸 멀어지

게 되고 장기적으로 자신에게 엄청난 손실과 심한 고통을 주게
된다. 다양한 중독 증상들 중에서 마약류로 인한 중독은 그 피
해가 가장 심각하다고 할 수 있다. 처음에는 괴로움으로부터 벗
어나게 하고 즐거움을 주었던 마약이 결국에는 자신을 죽음에
이르게 하는 고통을 주기 때문이다. 이 장의 뒷부분에는 마약이
나 알코올로부터 회복하고자 노력하는 분들의 수기가 기록되어
있다.

우연히 호기심으로 혹은 친구의 권유를 받고서 시작했든지 간
에 마약을 접하게 되는 순간부터 그 사람의 인생은 얻는 것보다
잃는 것이 훨씬 많고 고통스럽게 된다. 마약류 중독자들은 마약
을 같이 하는 동료들로부터는 인정을 받고 소속감을 느끼게 되
지만, 점차 가족과 멀어지고 일을 하지 못하게 되며 몸과 마음
이 황폐화되어 인생이 파멸되는 지경에 이른다.

마약류 남용에 대한 악순환은 〈그림 1〉에서 보듯이 우울하고
불안할 때 마약에 대한 생각이 일어나서 마약을 하게 되고 결국
에는 그것으로 인하여 경제적·사회적·의학적 문제가 일어나
게 되는 것이다. 그래서 다시 불안해지고 우울해지며 그러한 부

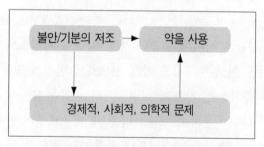

〈그림 1〉 마약류 남용의 악순환
Beck, Wright, Newman, & Liese(1993)

정적 감정을 피하기 위하여 또 다시 약을 찾게 되는 반복적인 행동을 하게 된다.

마약류는 중독성이 있기 때문에 만성화된다. 중독이란 마약류 사용에 대한 강박적 집착, 일단 사용하기 시작하면 끝을 보고야 마는 조절 불능, 해로운 결과가 있으리라는 것을 알면서도 강박적으로 사용하는 상태를 말한다(한국마약퇴치운동본부, 1998). 다시 말하여 중독의 핵심은 "조절하고 싶은데도 불구하고 조절이 어렵고, 그 결과로 개인적이거나 사회적 폐해를 유발하는 생활의 균형이 깨어진 상태"이다(김교헌, 2002). 또 한편 마약류 중독자는 마약을 하게 되면 기분이 좋고 이완될 것이라는 기대감이 있기 때문에 계속 마약을 찾게 된다.

성적인 쾌감을 좀더 높이기 위하여 혹은 따분하거나 우울한 기분을 벗어버리기 위하여 약을 찾게 되며, 그 다음에는 처음 약을 시작할 때의 쾌감을 느끼고 싶어서 약의 양이나 횟수를 차츰 늘리게 된다. 필로폰을 처음 할 당시에는 한 번 주사로 48시간 정도 효과가 지속될 수 있으나 계속 약을 하게 되면 나중에는 하루에 5-6번 이상의 주사를 맞아도 처음의 효과를 못 느끼게 되는 수가 많다. 어느 기간이 지나게 되면 자신의 모든 삶이 약을 위하여 살고 있다는 것을 알게 된다. 어떤 사람의 경우에는 "이제 약을 안 해야지" 하면서도 마음 한 구석에는 "한 번만 더 하자"고 하다가 결국에는 약을 보게 되거나 누구로부터 권유받게 되면 또 다시 약을 하게 된다. 알코올이나 마약류 중독자들은 일단 술이나 마약을 하려고 마음을 먹고 어떤 장소에 간 그 순간부터 술이나 마약으로 인해 생기는 고통스러운 결과는 잊어버리게 된다.

필로폰 등 마약류 중독자들은 주사 바늘을 통해 AIDS, 간염 등의 병이 전염될 수도 있다. 그리고 신체적으로는 심부정맥이나 심근경색, 뇌혈관 질환에 걸릴 수도 있다. 정신적으로는 기억장애, 망상, 환각이 나타나고 기분장애나 불안장애를 보이거나 성격이 황폐화된다. 마약류 중독으로 인한 피해는 한 개인의 고통에 그치는 것이 아니라 한 가정을 붕괴시킨다. 이혼, 부부간의 갈등, 부모 자식간의 갈등과 같은 가족관계에서의 문제가 일어나며 직장생활이 힘들게 되고 직업을 상실하게 되며 대개는 범죄행동과 연결되기도 한다. 뿐만 아니라 국가적으로도 인력이 낭비되고 치료에 드는 비용이 증가되는 등 국가경제에도 많은 악영향을 끼치고 있다.

〈그림 2〉에서 보듯이 알코올 및 마약과 관련된 교통사고는

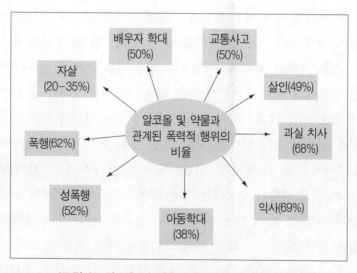

〈그림 2〉 알코올 및 약물과 폭력 및 사망간의 상관
Levintal(2002)

50%, 살인은 49%, 성폭행은 52%, 익사 69%, 폭행 62% 등으로 마약은 국가와 사회에 엄청난 손실을 미치고 있다(Levintal, 2002).

마약류 상담에 있어서 문제가 되는 것은 마약류 중독자들 자신이 중독자라는 사실을 받아들이지 않고 부인하기 때문에 상담을 하려는 동기가 없다는 것이다. 중독자들은 자신은 언제든지 약을 끊을 수 있다고 말하거나 중독의 원인이 외부에 있다고 생각하고 있다. 마약류 중독자들이 주로 쓰고 있는 방어기제는 부인이나 합리화 혹은 문제를 축소화하는 것이다. "나는 문제가 없다" "나는 약물을 조절할 수 있다" "나는 마약 중독자가 아니다, 내가 원하면 언제든지 마약을 끊을 수 있다" "내가 다른 사람에게 피해를 주는 것은 아니지 않은가" "내가 마약을 하고 있지만 그것이 그렇게 문제가 될 정도는 아니다" "마약은 내가 직장에서 일하거나 사회생활하는 데 아무런 피해를 주지 않는다" "나는 마약을 하는 것이 아니고 스트레스를 해소하는 것이다" 혹은 다른 사람을 비난하기도 한다 "부모나 아내가 나보고 약을 하도록 몰아치고 있다" "내가 약을 하게 되는 것은 아내 때문이다" 또는 "마약은 나의 긴장과 우울한 기분을 해결하는 데 도움을 준다" "나는 마음을 안정시키기 위해서 약을 했다" "나는 지금 엄청난 스트레스를 받고 있다, 한잔 더 하는 게 그렇게 나쁘지는 않을 것이다" "오늘이 마지막이다, 마지막으로 딱 한 번만 더 하고 내일부터 약을 끊겠다" "내가 아는 어떤 선배는 약을 해도 직장에 잘 다니고 있다" "이 좋은 마약을 하지 않으면 무슨 낙으로 살란 말인가?"와 같은 말로 책임을 전가하거나 변명을 하기도 한다(Fanning & O'Neill, 1996).

마약류는 심리적 의존과 신체적 의존으로도 구분될 수 있다.

심리적 의존이란 긴장과 감정적 불편을 해소하거나 피하기 위해 물질을 갈망하는 상태로서 습관성과 유사한 개념이다. 신체적 의존이란 내성(반복 사용하였을 때 효과가 점차 감소하거나 같은 효과를 얻기 위해 점차 용량을 증가시켜야 하는 것)이 생긴 상태이며, 물질을 중단하면 그 물질의 특징적인 금단증후군이 나타나는 상태를 말하는 것이다. 흔히 말하는 습관성 중독이란 심리적 의존이 있어 계속 약물을 찾는 행동을 하는 것과 아울러 신체적 의존을 가지고 있어 복용을 중단하기 어렵게 되어 자신의 신체적 · 정신적 건강을 해치게 되는 상태를 말하는 것이다.

또한 마약류 중독은 남용과 의존으로 구분된다. 남용은 마약 사용으로 인하여 자신이 자기의 의무를 다하지 못하고 대인관계 및 법적인 문제를 일으키는 것을 말한다. 의존은 마약을 강박적으로 사용하며, 심각한 심리적 · 사회적 손상이 일어나는 것을 말한다. 일반적으로 마약이나 약물보다는 "물질"이라는 용어가 선호되고 있다. DSM-IV(미국정신의학에서 분류한 분류체계-4판)에서 물질의존 및 물질남용의 진단기준은 다음과 같다 (APA, 1994).

물질의존의 진단기준

임상적으로 상당한 장애 또는 곤란을 가져오면서 다음 중 세 가지(또는 그 이상)에 의해서 나타나며 같은 12개월 기간 중 어느 때라도 발생되는 물질사용의 부적응 유형

1. 다음 중 어느 하나에 의해서 정의되는 내성 :
   1) 흥분이나 원하는 효과를 얻기 위해 물질의 현저한 양적 증가를 요구할 때

2) 물질을 동일한 양으로 계속 사용할 때 효과가 현저하게 감소된
경우
2. 다음 중 어느 하나에 의해서 나타나는 금단 :
물질에 대한 특징적인 금단증후군
금단증상들을 완화시켜주거나 회피하도록 동일(또는 밀접하게 연관된)
물질이 사용될 때
3. 물질은 종종 의도되었던 것보다도 더 많은 양이 사용되거나 보다 장기
간 사용될 때
4. 지속적인 요구가 있거나 물질사용을 중단하거나 조절하기 위해 노력해
도 성공하지 못한 경우
5. 물질을 얻기 위해 필요한 활동들(예: 수많은 의사를 방문하거나 장거
리를 운전하는), 물질을 사용하는 데 필요한 활동들(예: 줄담배 피우기)
또는 그 효과로부터 회복하는 데 필요한 활동에 많은 시간이 소모될 때
6. 중요한 사회적·직업적 또는 휴식활동들이 물질 사용 때문에 단념되거
나 감소될 때
7. 물질을 사용함으로써 유발되거나 악화될 가능성이 있는 지속적이거나
재발되는 신체적 또는 심리적 문제를 가진다는 인식에도 불구하고 물
질사용이 지속될 때(예: 코카인에 의해 유발되는 우울증을 인지함에도
불구하고 현재 코카인을 사용하거나 또는 알코올 섭취에 의해 궤양이
악화된다는 인식에도 불구하고 지속적으로 음주하는 것)

참고로 ICD-10(WHO에서 제정한 분류체계)에서 물질남용의 진
단기준은 다음과 같다.

물질남용의 진단기준

1. 임상적으로 상당한 장애 또는 곤란을 가져오면서, 다음의 하나(또는 그 이상)로 발현되며, 12개월 이내에 발생하는 물질사용의 부적응 양상
   1) 거듭되는 물질사용으로 인해서 직장, 학교, 혹은 집에서의 주요 역할 임무를 수행할 수 없게 되는 경우(예: 물질사용과 관련된 되풀이되는 결석 혹은 저조한 작업수행, 물질과 관련된 결석, 정직, 정학 혹은 학교로부터의 제명, 자녀 혹은 가족들에 대한 태만)
   2) 신체적으로 해가 되는 상황에서도 거듭된 물질 사용(예: 물질사용에 의해 장애를 받을 때 운전을 하거나 기계를 조작함)
   3) 물질과 관련된 거듭된 법적 문제(물질과 관련된 난폭한 행동으로 인한 체포)
   4) 물질의 영향들이 원인이 되거나 이로 인해 악화되는 계속적이거나 반복적인 사회적 혹은 대인관계의 문제들에도 불구하고 계속되는 물질사용(예: 중독, 육체적 싸움, 결과에 대한 배우자의 논쟁)
2. 위의 증상들이 같은 종류의 물질에 대한 물질 의존기준에 결코 만족되지 않을 때

최근에 우리나라도 남녀 구별 없이 모든 연령과 계층을 망라하여 마약류 중독 환자가 증가되고 있는 실정이다. 2001년도에 검찰에 단속된 마약류 남용자만 하더라도 총 10,102명이나 되었다. 그러나 구속되지 않는 중독자들을 감안한다면 실제 우리나라에서 마약류 중독자는 이보다 훨씬 더 많을 것으로 추정되고 있다. 일부에서는 현재 약 30만 정도로 추정하기도 한다(최창원, 2002).

역사적으로 보면 아편이나 대마초와 같은 마약은 정서적 상태를 완화하고 신체적 증상을 좋게 하며 의식을 명료하게 하며 종교적 의식이나 의학적 기능을 위해서 중국이나 이집트 등에서는

수천년 전부터 사용되어 왔다.

근래 우리나라에서는 1950-1960년대는 아편과 메사돈이 주로 사용되었으며, 그 후 1970년대에는 대마초가 널리 사용되었다. 1980년대 이후는 필로폰 남용이 급증하면서 현재까지 우리나라에서 가장 많이 사용되는 마약류로 되어 있다. 최근에는 외국으로부터 엑스터시가 유입되어 젊은층을 중심으로 많이 사용되고 있다. 엑스터시는 값이 싸고 환각 작용의 지속시간이 길며 비교적 안전하고 알약으로 쉽게 복용할 수 있다는 등의 이유로 급속하게 확산되고 있다.

정부에서는 2000년도에 마약류 관리에 대한 법률(부록 3, 4)을 새로 개정하였다. 마약류 중독자에 대한 대책으로 단순 사용자의 경우 치료보호조건부 기소유예를 적극 활용하고, 치료 보호 의뢰된 자에 대하여 사후 관리를 강화하여 치료 보호 조치에 순응하지 않는 자는 형사 처벌을 재개하고 있다. 앞으로는 마약류 사범에 관한 독립 수용 시설을 운영할 필요가 있다. 법에 관한 자세한 내용은 부록 3, 4를 참고하기 바란다. 마약류 중독자는 일반 정신질환자와 격리하여 수용할 필요가 있으며, 장기적으로 치료감호소에서 수용할 수 있는 인원은 한계가 있으므로 별도의 마약사범 전문교도소를 설립하는 것이 바람직하다(박성진, 2002).

그러나 아직까지 정부에서 마약류 중독자를 치료받아야 할 환자로 보기보다는 범법자로 보고 구속을 위주로 하기 때문에 효율적인 치료나 재활이 어려운 입장이다. 정부관계자들은 치료와 재활이 약물남용의 확산을 방지하고 재범률을 낮출 수 있는 지름길이라는 것을 자각하여 이에 대한 정책을 하루 빨리 추진할 수 있어야 하겠다(조성남, 2002).

마약류 중독자를 예방하는 것은 무엇보다도 중요하다. 먼저 청소년이 술이나 담배에 접근하지 못하도록 해야 한다. 많은 청소년들이 처음에는 담배나 술로 시작하다가 본드나 유해 환각흡입물질, 중독성 의약품을 거쳐 나중에는 대마초나 필로폰으로 차츰 옮겨가기 때문이다. 우리나라 청소년이 약물에 접촉되지 않도록 다방면으로 도와주어야 한다.

마약류 중독자를 예방하기 위한 노력은 가정에서부터 시작되어야 한다. 가족 구성원들의 자기 자리 찾기가 중요하다. 아버지는 아버지 역할을, 어머니는 어머니 역할을 잘 해야 한다. 부모의 언행이 일치하지 않고 일관성이 없으면 자녀는 부모를 따르지 않는다.

재활에 있어서는 관련전문가의 노력도 중요하지만 무엇보다도 본인의 의지가 있어야 한다. 그리고 가족이나 사회 및 국가의 적극적인 지원이 필요하다. 가정에서는 중독자에게 스트레스를 줄 자극을 줄여주거나 피하게 하며 부정적인 감정 표현을 자제하고, 격려해주고 용기를 주어야 한다. 가정이나 주위환경이 중독자로 하여금 마약을 끊을 수 있는 힘을 주기도 하고 반대로 약을 계속하게 만드는 요인을 제공하기도 한다.

우리 사회나 정부가 마약류 중독으로부터 회복된 사람들에게 일자리를 제공하는 것 또한 효율적인 재활을 위해서 매우 중요하다. 자신의 일을 가지고 열심히 노력할 때 마약에 대한 생각이 줄어들게 되며 자부심을 가지게 되어 단약하는 데 많은 도움을 준다.

국가가 적극적으로 마약류 중독자를 치료하고 재활하려는 강한 의지를 가지고 제도를 고쳐나가야 한다. 정기적인 소변 및 모발 검사 등 임상병리학적 검사를 받도록 하여 마약을 하려는 충동을 줄여주고 자활하려는 사람들에 대한 적극적인 지원을 해 주어야 한다(박상규, 2002b).

　우리 사회가 점점 외적인 것, 감각적이며 자극성이 높은 것을 강조하는 물질적 문화가 발달하는 것도 마약류 중독자를 양산하게 하는 하나의 요인이 될 수도 있다. 우리 가정에서부터 내면적이고 일상적인 데에서 즐거움을 얻을 수 있는 문화가 조성되어야 한다. 우리가 일상생활에서, 조그마한 일에서도 즐거움이나 기쁨을 누릴 줄 알게 되면 자극적인 물건이나 대상을 구하지 않아도 된다. 마약류 중독자들은 마약으로 인해서 이미 너무나 강렬한 쾌감을 느꼈기 때문에 일상의 조그마한 일에서 기쁨을 누리기가 더 어렵다. 외부의 자극으로부터 쾌감을 찾으려 하다 보면 점점 더 강렬한 자극을 찾게 되며 결국에는 죽음으로 치닫게 된다.

　전통적으로 동양적 수양이나 기독교에서는 인간의 행복을 위해서는 자신의 내면 속에 있는 귀중한 것을 찾도록 하였으며, 일상에서 항상 만족하고 작은 일에도 감사함을 느끼도록 하였다. 음성 꽃동네 마을 입구에는 "얻어먹을 수 있는 힘만 있어도 그것은 주님의 은총입니다"라는 표어가 적혀 있다. 진정한 행복을 위해서는 지금 이 자리에서 나를 바로 봄으로써 기쁨을 찾고 만족할 줄 아는 기술 즉, 자기 사랑하기를 배우는 것이 중요하다. 다음에는 마약류 중독이나 중독으로부터 회복되었거나 회복 중인 분들의 수기를 실었다. 이 수기를 통하여 마약류 및 알코올 중독자의 삶이 얼마나 고통스러운가를 알 수 있다.

2. 마약류 및 알코올 중독자의 수기

정○○ 남 40대(마약류)

나의 지나온 과거를 반추해보고 적는 이 글이 나를 비롯한 여러 약물 중독자 분들에게 어떤 깨달음의 동기가 되었으면 합니다.

나는 1971년생입니다. 태어난 지 8일 만에 지금의 부모님들에게 입양되어 양자로 들어갔습니다. 딸만 다섯인 지금의 부모님은 나를 친자식처럼 무엇하나 부족함이 없이 잘 키워주셨고 나는 건강하게 잘 자라나 무사히 초등학교까지 마칠 수 있었습니다. 그러나 초등학교 졸업 때 토건업을 하시던 아버지는 사업에 실패하신 다음에 삼촌과 함께 신발공장을 하시게 되었습니다.

그런데 언제부터인가 삼촌과 아버지가 노름을 하면서부터 차츰 가세는 기울어져 갔습니다. 급기야는 공장에 불까지 나게 되어 우리 가족은 거리로 나앉게 되었습니다.

그 일로 어머니는 심장 협심증까지 생기셨고, 어린 나는 마음의 상처를 크게 입게 되었습니다. 중학교에 입학한 후로는 생계가 어려워 어머니가 보따리 장수를 하시면서 하루하루를 겨우 꾸려갔습니다. 사랑하는 어머니가 당신의 몸집보다 커다란 보따리를 이시고 이 집 저 집 다니시던 모습을 생각하면 지금도 무척 가슴이 아픕니다. 그 당시 아버지께선 거듭되는 사업의 실패로 낙심하여 집을 나가셨는데, 다른 여자와 동거를 하시며 집에 들어오지 않으셨습니다. 엎친 데 덮친 격으로 이 무렵 셋째 누이가 삼층 옥상에서 떨어져 뇌를 다치는 일이 생겼습니다. 어머니께선 병원에 입원시키려 하셨는데 어찌된 일인지 병원에선 아무 이상이 없다고 하였습니다. 그러나 얼마 후부터 누나가 이상해지기 시작하여 가족들이 많은 고생을 하였습니다. 생각하면 할수록 내게 왜 이런 일이 자꾸 생기는지

안타깝기만 하였습니다. 급기야 누나는 간질 및 정신분열증을 앓게 되어 우리 집은 말이 아닐 정도로 혼란스러워졌습니다.

이 무렵 나는 학우들과 어울려 다른 짓을 하게 되었는데, 어느 날 우연히 섹스잡지를 구해서 친구들과 돌려보다가 학생 주임에게 발각되었습니다. 온 교무실이 시끌법석하도록 야단을 맞았고 급기야 정학처분까지 받았습니다. 그 후로 어머니의 설득으로 몇 번 학교에 다시 나가게 되었으나 이미 삐뚤어진 나는 어머니의 자상하신 보살핌에도 아랑곳하지 않고 자꾸 엇나가기 시작했습니다.

2학년에 올라가서는 점점 더 상태가 나빠져 나쁜 친구들과 어울려 담배도 피게 되었고 술도 입에 대게 되었습니다. 학업에 취미를 완전히 잃어버린 나는 학교도 그만두고 학우들과 어울려 거리를 쏘다니며 나쁜 짓을 일삼게 되었습니다. 그러다 남의 물건에 손을 대 처음으로 구속되어 소년원에 들어가게 되었습니다. 그런데 담임선생님이 면회 오셔서 나를 설득하여 이틀 만에 다시 집으로 돌아오게 되었습니다. 어머니는 눈물을 흘리시며 나를 복학시키려고 하였으나 내가 고집을 피우자 "그러면 집에서 쉬다가 다음 해에 다시 복학하라"고 하셨습니다. 나는 겉으로나마 "그렇게 하겠다"고 어머니를 안심시키고 집에 있게 되었습니다. 어머니는 매일 아침 일찍 무거운 짐을 지시고 장사를 나가셨고 집에는 병든 누이와 나 둘뿐이었습니다.

누나의 아픈 모습을 보면서 '왜 우리 집은 이렇게 살아야 하나' 하느님이 원망스러웠고 견디다 못한 나는 가출을 하고 거리를 방황하였습니다. 그러던 어느 날 내가 패싸움을 하다 많이 다치게 되어 동대문에 있는 창녀촌으로 피신을 했습니다. 그곳에서 몸을 파는 한 누나를 알게 되었습니다. 다친 곳을 치료받으며 그 누나의 집에서 머무르게 되었습니다. 그 당시 나는 누나가 이상한 약을 먹는 것을 목격하고는 그것이 무어냐고 물어보았습니다. 그런데 누나는 몸이 아파 먹는 것이라며 더 이상 내게 가르쳐주지 않았습니다. 그러나 약을 먹은 다음에 보이는 누나의 행동은 어딘지 이상했습니다. 호기심에 나도 하얀 약 표면에 "S"자라고 표기된 그 약을 3알 정도 먹어보았습니다. 그러나 약을 먹고 30분이 지나도 아무렇지도 않아서 약국에서 몇 알을 더 사먹은 다음에 분식점에 들어가 라면을 먹었는데 음식을 다 먹고 난 후부터 기분이 이상야릇해진 것입니다. 이때부터 그 약에 맛이 들여 하루에도 몇 차례씩 복용하게 되었습니다. 그러다 그 누나에게 들켜 쫓겨나 집으로 돌아왔으나 이미 나는 바람이 들 데로 들어버렸고 그 약에 기분을 쫓아 다시 거리로 나와 한 음악다방에 취직을 하게 되었습니다. 그때부터 매일 약과 음악에 탐닉하게 되었습니다. 그러던 어느 날 방송일과 프로모션(디스코, 각설이 쇼 등)을 운영하는 ○○이라는 방송국 카메라맨을 만나게 되었습니다. 그 분은 밤에 일을 하는 많은 무명 연예인들을 거느리고 있었는데, 나에게 쇼를 같이 할 난쟁이를 소개시켜줘서 나는 코메디와 각종 쇼 행위 등을 배우게 되었습니다. 보수는 얼마 되지 않았으나 그 일이 무척 재미있었고 내 적성에도 맞는 것 같아 이들과 함께 생활하게 되었습니다. 얼마 후 난쟁이와 헤어지게 되었고 내 또래의 형들을 만나 새로 일을 하게 되었습니다. 천호동, 장안동, 화곡동, 종로 등 서울서 일을 하다가 지방으로 공연을 가게 되었습니다. 그러던 중 강원도 동해에서 공연을 하다가 손님과 술을 먹게 되었는데 거기서 나는 레즈비언인 여자를 하나 알게 되어 친하게 되었습니다. 그 여자는 약물 중독자였는데 대마초, 러미나, 루비킹 등을 항상 소지하고 있어서 언제나 내가 달라는 대로 꺼내 주었습니다. 그렇게 지내던 중 나는 업소에서 한 디스코걸을 알게 되어 그 여자와 사랑을 하게 되었습니다. 나이는 나보다 3살이 많았는데 나에게 너무 잘 대해주었습니다. 내가 약물에 젖어 주체하지 못하고 혼란스러워 하면 눈물을 흘리며 내게서 약을 뒤져 쓰레기통에 버리고 조언을 해주곤 했습니다. 그 때문에 자중도 하며 살았으나 업소와의 계약이 만료되자 우리는 어쩔 수 없이 헤어지게 되었습니다.

동해시에서의 일을 끝내고 삼척에 있는 ○○라는 업소에서 일을 하게
되었는데 그 업소는 모든 종업원들이 다 약물에 젖어 있다시피 하는 문란
한 곳이었습니다. 매일 저녁 대마초를 화로에다 지펴 탐닉하다가 깰 때쯤
이면 다시 러미나를 먹고 흔들거리며 음악을 듣곤 하였습니다. 그 당시
내가 듣던 음악은 주로 헤비메탈이었는데 블랙 사바스의 오지 오스본, 이
니그마, 하로윈 등 아주 자극적인 음악을 많이 들었습니다.

삼척에서의 일도 끝마치고 서울로 돌아와 약물에 대한 모든 꿈을 깨고
선배의 권유로 이태원에서 안내 일을 하게 되었습니다. 매일 반복되는 일
이기에 재미도 없고 약물도 끊지 못하게 되었습니다. 그러던 중 지금부터
4년 전, 대마관리법으로 전주 교도소에서 복역하게 되었습니다. 교도소
에서 출소하였을 때는 약물에 대한 생각은 없었습니다. 서울에 도착해 집
으로 가는 중 낯익은 하얀색 승용차가 내 앞에 섰습니다. 열린 차 창문에
서 친한 선배의 얼굴이 보였습니다. 그 선배는 어디 가서 술 한 잔 하자고
권했습니다. 그때 따라가지 않았어야 되는데.... 술집에 도착하고 한 잔
두 잔 마시다가 어느 새 나는 예전의 모습으로 되돌아가 버렸습니다. 술
을 마신 다음에 차를 타고 설악산에 있는 어떤 암자로 가게 되었습니다.
그곳에서 2년 만에 처음으로 대마를 하게 되었습니다. 막상 빨부리가 내
손에 쥐어지니 교도소에서 결심했던 모든 것이 한순간에 깨져버렸습니
다. 네 모금 정도 하니깐 머리가 빙글빙글 돌면서 즐거움에 빠지게 되었
습니다.

교도소에 들어가기 전에 나는 조그만 노점상을 하고 있었습니다. 어머
니는 내가 교도소에서 출소하면 다시 줄려고 노점상 일을 열심히 하고 계
셨습니다. 나는 노점상 앞에서 어머니를 만났습니다. 어머니는 나의 얼굴
을 보는 순간 교도소 가기 전에 약물을 하던 모습과 지금의 모습이 별로
다를 것이 없다는 것을 느끼신 것 같습니다. 어머니는 나의 모습을 보며
술을 먹었는지 또 다시 약물을 했는지 물어보았습니다. 사랑하는 어머니

는 눈가에 눈물을 흘리시며 거짓말이라도 좋으니 술 마셨다고 말하라고 하셨습니다. 그래서 나는 어머니께 술을 마셨다고 거짓말을 했습니다. 어머니에 대한 미안함과 죄의식을 느꼈습니다. 그 후로 한 달간은 약물에 손대지 않고 노점상 일을 착실히 하였습니다. 하루 수입은 30만원 정도였고, 번 돈은 모두 어머니께 드리고 그럭저럭 약물에 대한 유혹을 이겨 내면서 생활하였습니다.

그런 나를 변하게 한 건 내 또래의 사람들과 비교해볼 때 초라하기만 한 나의 모습을 본 후부터입니다. 점차 노점상 일도 귀찮아지고 만사가 싫었습니다. 그러다가 면허시험 치려는 사람들을 불법 교습소로 안내하는 "삐끼"라는 일을 하였습니다. 일이 끝나면 ○○가 하는 비디오방에 들어가 마약을 하였습니다. 솔직히 더 이상 세상을 살아갈 능력이 없었습니다. 더 이상 살고 싶은 생각도 없었습니다. 약이 없을 때는 굉장히 짜증이 났습니다. 약 없이는 하루도 살 수 없는 인간이 되었습니다. 한 달에 28일 정도는 환각상태에 빠졌고 나머지 3일은 몸이 아파서 약을 하지 못할 지경이었습니다. 처음에 러미나 30알, 40알부터 시작해서 점차 양이 늘어갔습니다. 대마가 없을 경우에 100알에서 120알 정도 먹었습니다.

새벽 무렵 약이 없을 땐 자주 가는 약국에 도착하여 셔터 문을 두드리면 약사의 첫마디는 "얼마나 줄까?" "작은 것 줄까?" "큰 것 줄까?" "누바인을 이 정도 줄까?" 라고 하면서 약을 팔곤 하였습니다. 저녁 7시경 약사와 커피를 마시고 있을 때면 경기도 파주, 성탄, 춘천 등에서 미성년자들이 모이고, 술집 종업원 DJ 등이 약을 사러왔습니다. 나는 러미나나 루비킹에 싫증나서 누바인이라는 주사를 맞기도 했습니다. 약국 약사나 DJ 형들이 주사를 놔줬고 매일 이런 투약을 하고 나니 나의 몸은 상상하기조차 힘들 정도로 망가져 갔습니다.

집에서 하루 쉴 때, 약물을 한 상태에서 음악을 듣고 있는데 전화가 왔습니다. 전화의 내용은 어린 시절 친구가 히로뽕 투약 및 위암으로 사망

했다는 전화였습니다. 친구는 일본여자와 동거생활을 하고 있는 호스트 바 마담이었습니다. 다음날 안암동 고려대학병원 영안실에 갔더니 예전에 나를 보며 인간같이 생각하지 않았던 친구의 어머니가 반겨주었습니다. 관속에 누워 있는 친구의 얼굴을 보니 미래의 내 모습과 같았습니다. 내가 관을 들어 영구차에 싣고 벽제 화장터에서 화장을 하고는 친구 아버님과 함께 술을 마셨습니다. 친구의 아버님은 저보고 어디서 무엇을 했냐고 물어보기에 징역 살았다는 말은 차마 못하고 배를 탔다고 말했습니다. 친구의 죽음은 많은 것을 느끼게 하였습니다.

끝으로 이 자서전을 쓰면서 그동안 약물로 인하여 받은 신체적 · 정신적 고통을 다시 한 번 더 뼈저리게 느끼게 되었습니다. 앞으로 남은 인생에 소망이 있다면 마약 중독자가 아닌 평범한 사람으로 살고 싶다는 것입니다.

박○○ 남 40대(마약)

할아버지에 대한 기억은 없습니다. 내가 세상에 태어나기 전에 이미 병으로 일찍 돌아가셨기 때문입니다. 할머니는 삼십대에 홀로 되어 자식 셋을 키우시면서 평생 홀로 사셨습니다. 할머니는 독실한 기독교 신자였고 삼 형제 중 맏이인 아버지에게 어머니는 시집을 오셨습니다. 외할아버지는 ○○시에서는 알아주는 집안에다가 큰 부자이셨고 라이온스 클럽 등 회장직을 쭉 맡고 계십니다.

저희 어머니께서는 장녀이십니다. 아버지는 사범학교를 졸업하시고 대학을 졸업한 뒤 교직 공무원으로 계시다 퇴직하셨고 내가 자라서 어른이 될 때까지 칭찬 한 번 농담 한 마디 하신 적이 없으셨던 아주 곧은 분이셨습니다. 그에 비해 어머니는 자상한 분이셨고 자식 말이라면 그 무엇이라도 들어주시는 분이셨습니다.

우리 형제는 삼남 일녀로서 부모님은 언제 어디서나 맏이와 막내딸만을 챙겨주셨습니다. 셋째인 나와 둘째형은 별로 관심을 받지 못하고 자랐습니다. 아버지와 어머니는 맞선을 보고 결혼하셨고 시집을 온 어머니는 어린 삼촌 두 분을 자식처럼 키우시면서 어려운 살림을 알뜰히 꾸려 나가셨습니다. 이렇게 기억나는 건 여태껏 부모님 두 분께서 언성을 높이거나 부부싸움을 하시는 걸 본 적이 없기 때문입니다.

요즘도 주말이면 함께 여행과 등산을 다니시는 등 금실이 아주 좋으십니다.

유년시절에 대한 기억은 거의 나지 않지만 막내로서 사랑을 받아오다가 여동생이 태어나면서 사랑을 빼앗겼다는 가슴아픈 기억이 아련히 떠오릅니다.

대구시 근교 도시에서 태어나 초등학교 3학년 초에 대구시로 이사를 오면서 전학을 하게 되었고 새로운 환경에 적응하기가 어려웠습니다. 초등학교를 졸업한 뒤 중학교에 입학하면서부터 삐뚤어지기 시작했습니다.

중학교 2학년 때였습니다. 점심 시간에 식사를 마치고 물을 마시러 수돗가에 갔는데 키가 아주 작은 같은 또래의 학생이 다가오더니 다짜고짜 "너 돈 있으면 내놔"라고 하더군요. 난 "뭐 이런 놈이 다 있어" 하며 그 아이를 때렸고 그 모습을 본 같은 반 급우 애들이 큰일났다고 했습니다. 이유인즉 그 애는 불량서클에 가입되어 있는 애이며 반드시 보복이 있을 것이라고 했습니다. 난 별로 두려워하지 않았습니다. 얼마 후 불량서클 패거리들이 몰려왔고 난 그 애들과 주먹질을 하며 싸움을 했습니다. 싸움이 그친 후 화해하자고 담배를 주었습니다. 난 담배를 피운 적이 없었지만 지기 싫은 마음에 거절할 수가 없었습니다. 그 후로 자연히 불량서클에 가입하게 되었고 하루가 멀다하고 싸움질이나 하며 정학당하기가 일쑤였습니다. 결국은 불량 청소년이 되고 말았습니다.

시간이 흘러 고등학교에 입학을 했고 공부라도 못하면 싸움질이라도 잘 해야 겠다는 마음이 생겨났습니다. 싸움은 점점 난폭해져 갔고 학교에서는 소위 말하는 "캡틴", "짱"이라는 소리를 듣게 되었습니다.

고등학교를 무려 네 번이나 퇴학당했고 다섯 번째 전학을 가면서 철이 들어 공부를 하기 시작했습니다. 어린 마음에 불량서클 회장이 되고 싶었고 정상에 올라섰을 때에는 남은 거라곤 부모님 가슴에 못박은 불효 막심한 아들이라는 것이 전부였습니다.

그 때 내 나이 스물한 살이었고 늦은 나이에 대학교에 입학하였지만 학교생활에 흥미를 느끼지 못했습니다. 낮에는 학교생활을 하고 밤에는 나이트클럽 기도 부장을 보면서 나의 뒷골목생활은 계속 되었습니다. 그러다가 자그마한 술집을 직접 차리게 되었습니다.

스물세 살 때 학교 앞에 있는 커피숍에서 아르바이트하는 아내를 보고 첫눈에 반해 만나게 되었습니다. 그 커피숍을 자주 가게 되어 데이트 신청을 해서 결혼까지 하게 되었습니다.

나의 직업생활은 술집을 계기로 해서 레스토랑, 가요방, 룸싸롱, 호스트바 불법변태영업 업종등을 택해서 하게 되었습니다. 하는 일마다 호황을 누렸고 많은 돈을 벌었습니다.

쉽게 번 돈은 쉽게 없어진다고 약물에 손을 대기 시작했습니다. 약물에 깊이 빠져 있을 때 IMF를 맞게 되었습니다. 그 당시 사채업과 가요주점을 하고 있었는데 대부분 부도가 나서 많은 돈을 떼이게 되었고 수억원을 들인 가요주점의 건물주가 부도를 내고 중국으로 도망가 버렸던 것입니다. 가게의 건물은 경매가 들어갔고 난 하루 아침에 모든 것을 잃어버리게 되었습니다.

그러나 나는 오직 약물하는 데만 급급한 나머지 다른 것에 신경 쓰고 싶지 않았습니다. 결국 집에서 보다 못해 경찰에 신고하여 교도소에 수감되었습니다. 출소 이틀 후 다시 약물을 하여 재구속되어 수감되었습니다.

두 번째 출소 후 시골에 내려가 약물을 끊고 조용히 살고 있다가 일년이 지난 후 대구로 와서 다시 약물을 접하게 되었습니다. 약물을 하면 할수록 의처증이 심해지고 가족에 대한 원망이 높아갔습니다. 성격도 많이 변했습니다. 주변 그 누구도 믿지 못하게 되었습니다.

이제 나는 스스로 단약 의지를 갖고 병원에 입원하였습니다. 모든 것을 다 잃었지만 아직도 사랑과 믿음으로 날 기다려주는 아내와 아이를 위해 살아가고 싶습니다. 급하게 서두르지 않고 천천히 처음 시작하는 마음으로 새 삶을 시작하려 합니다. 아직 내가 해야 할 일들이 많이 남아 있고 그래도 산 날 보다도 살아 가야 할 날들이 나에겐 많이 남아 있으니 말입니다.

황OO 남 20대(마약)

제가 마약을 처음으로 접하게 된 계기는 선배로부터였습니다. 처음에는 호기심으로 하게 되었는데, 몇 번을 하다보니 상습적으로 하게 되었습니다.

시간이 지날수록 끊어야겠다는 생각은 들었지만 생각처럼 쉽지 않았습니다. 평상시에는 마약을 하고 싶다는 마음이 없다가도 음악을 듣거나 영화를 볼 때 또는 여자를 만나게 되면 마약을 하고 싶다는 유혹을 뿌리치기가 어려웠습니다. 점점 내 자신도 모르게 마약에 빠져들고 있었던 것입니다.

시간이 지나면서 마약에서 느꼈던 기분이 달라지기 시작했습니다. 마약을 하게 되면 나도 모르게 엉뚱한 생각에 빠져들게 되었습니다. 혹시 저 사람이 나를 욕하는 것이 아닌지, 내가 약쟁이라는 것을 아는 것이 아닌지에 대한 피해의식에 빠지면서 자신감도 잃고 가족이나 친구들로부터 멀어지기 시작했습니다.

이런 현상들이 반복되면서 마약을 하지 않아도 자신이 점차 초라해지는 느낌이 들었습니다. 이렇게 마약이 나를 조금씩 파멸시키고 있을 때,

함께 마약을 하던 선배가 잡혀가게 되었고 나 또한 처음으로 교도소에 가게 되었습니다. 교도소에 있으면서 참 많은 생각을 하였습니다. 마약을 한 지난날에 대한 많은 후회로 인하여 이제는 조금씩 나 자신을 되찾아가는 노력을 하고 있습니다.

오○○ 남 30대(마약)

어릴 적부터 저는 모든 일에 있어서 남에게 지거나 밀리는 것을 무척 싫어했습니다. 그런 성격이 공부나 다른 쪽으로 발달하지 못하고 약간 빗나가는 일들에서만 앞서가기를 좋아하다 보니 자연스레 어릴 때부터 담배나 술을 조금씩 경험하며 살았습니다. 그래서 필로폰이란 것을 처음 보게 되었을 때 별 망설임 없이 선뜻 하게 되었습니다. 그 후 결코 짧지 않은 시간을 마약과 함께 생활하게 되었던 것입니다. 그러다 보니 내가 하는 모든 일들이 점차 약을 중심으로 하거나 약을 위해서 일을 하게 되었습니다. 돈을 버는 것도 나의 생활을 위해서나, 미래를 위해서가 아니라 약을 구입하기 위한 방편이 되었습니다. 밥을 먹더라도 약을 하는 몸을 좀더 편하게 하기 위한 것이었습니다. 점차 내 몸은 황폐화되었고 내 자신도 무너져갔습니다.

세월은 참 빨리도 흘러갔습니다. 그러던 중 법망에 걸려 결국 부모님과 고향을 떠나 교도소에 갇힌 신세가 되었습니다. 교도소 출소 후에 스스로 단약을 하기 위해 많은 노력을 하여 열심히 생활했습니다. 내가 얻은 결론은 몸을 바쁘게 움직여서 다른 생각을 하지 않게 하는 것이었습니다. 그렇게 노력한 결과, 지금은 직장도 가지고 풍부하지는 않지만, 경제적으로 큰 걱정이 없는 가정을 꾸리게 되었습니다. 일 때문에 약간 피곤하긴 하지만, 그런 대로 건강을 유지하고 있습니다. 앞으로도 이렇게만 살아간다면 약 없이도 잘 살 수 있으리라 생각됩니다.

박OO 남 40대(마약)

어려서부터 음악생활을 시작했고, 비록 마약은 아니더라도 그런 것에 대한 인식은 일찍 시작되었습니다. 솔직히 개인적으로는 마약에 대한 부정적인 생각보다는 긍정적인 생각을 더 많이 가질 수밖에 없었습니다. 그러던 중 어느 한 시점에서 접하게 된 마약은 나의 음악생활에도 적지 않은 영향을 미치게 되었습니다. 남들보다 음악을 더 강렬하게 느끼고 싶었고, 깊은 음악세계를 갖고 싶었습니다. 마약이 나에게 어느 정도의 활력제 역할을 한 것도 부인할 수는 없습니다. 솔직히 예술 하나만을 놓고 볼때, 마약을 어떻게 사용하느냐에 따라 득이 될 수도 있고 실이 될 수도 있다고 생각했습니다. 그러나 장기적으로 보면 마약으로 인한 손실이 많은 것이 사실입니다. 더욱 중요한 것은 사회가 나 하나만 사는 것이 아니고 주위의 이웃과 함께 있다는 것입니다. 마약사범으로 교도소에 구속되고 나서 이러한 사실을 절실히 느끼게 되었습니다. 몇 개월 동안의 구속생활에서 느낀 것은 다수가 존중하는 법의 태두리 안에서 살아야만 내가 사랑하는 부모, 형제, 친지들에게 아픔을 주지 않는다는 진리입니다.

마약을 한 후유증으로 경제적인 것, 인간적인 것, 생활에 대한 고통이 심합니다. 이러한 고통은 나를 마약으로부터 지켜주는 가장 강력한 수단이 되고 있습니다. 흔히들 마약의 유혹에서 벗어나기 힘들다고 말하지만, 나의 부모, 형제, 처와 자식을 생각하면, 그리고 박탈된 자유와 구속자의 생활을 생각하면 능히 그 유혹을 이길 수 있다고 생각합니다. 우리가 담배가 해로운 줄 알면서도 피우는 것은 자신에 대한 건강이나 정신적인 피해는 느낄 수 있어도, 법이 허용하고 주위를 의식하지 않아도 되는 자유스러운 선택이 있기 때문이지만 마약은 비단 자신만의 건강뿐만 아니라 사랑하는 부모, 형제, 내가 아는 모든 사람들에게도 피해를 주고, 자유를 박탈당하는 비인간적인 삶을 살 수밖에 없기에 그 유혹이 아무리 크더라도 이겨내야 하고 또 이겨낼 수가 있는 것 같습니다. 지금도 마약에 대한 생각이 나면, 차라리 무인도에서나 법의 규제가 없는 나라에 가서 살지 않는 이상 안 된다고 생각하니 마약에 대한 생각을 어렵지 않게 지워버릴 수가 있는 것 같습니다.

나는 지금도 자신하지만, 내 환경을 생각하고 자신을 추스르거나 삶에 충실하다 보면 충분히 잊을 수 있다고 믿고 있습니다. 인간은 환경의 동물이고 또 망각이라는 뛰어난 기능이 있기 때문입니다. 나는 이제 나의 부모님, 처, 그리고 자식을 위해서라도 마약을 하지 않을 것입니다.

하OO 남, 40대(알코올)

순간 순간 지금의 현실이 꿈만 같고 뒤늦게 되찾은 행복이 아직도 믿어지지 않습니다. 지금까지 제 삶에 있어서 가장 슬프고 고통스러웠던 지난 세월을 되돌아보려 합니다. 힘들고 슬펐던 아픈 기억들을 부끄럽지만 되돌아보려 합니다.

수많은 세월 동안 견디기 힘든 고통과 아픔을 지닌 채 이곳 저곳 병원 문턱을 오가며 끝없는 치료를 받으며 살아오고 있습니다.

1988년 술이 만취된 상황에서 난 교통사고로 14년이란 세월을 완쾌되는 그 날을 기다리며 시간을 흘려보내고 있었습니다. 언제부터 무서운 알코올 중독자가 되었는지를 저 자신도 잘 모릅니다. 저는 한잔의 술을 마시기 위하여 교묘하게 남을 이용하기도 했습니다. 이러한 못된 행위가 점점 난폭해져 형제들이 항상 불안에 떨게 하였고 가족들을 늘 못살게 굴어 우울증을 옮겨주었던 것 같습니다. 34년 동안 자신의 욕구를 채워줄 술을 찾아 전국 팔도를 돌아다니며, 술 한 잔에 인생을 팔고 구걸하면서, 술 없이는 하루도 살지 못하게 되었습니다. 술을 마시기 위한 거짓과 위선적인 생활은 끝없이 이어졌습니다.

나의 신체가 부자연스럽고 알코올 중독자인 제 자신은 뭐 한 가지라도 내세울 것이 전혀 없어 결혼식은 일찍이 포기했는데 황송하게도 2000년 ○○장애인 재활협회에서 주체하는 장애인 합동 결혼식을 올려주었습니다.

보잘것없고 거리에 뒹구는 인간쓰레기 같은 알코올 중독자인 저를 신께서 죽음으로 끝내지 않으셨습니다. 뿐만 아니라 저의 아내를 선물로 주셨습니다. 11살의 연상의 여인.... 어머니와 같은 따뜻한 손길로 단주회복의 길로 갈 수 있도록 온 정성을 다해, 죽어가는 알코올 중독자를 건져 올린 나의 아내, 나는 아내를 진심으로 사랑합니다. 제 아내는 지덕이 높은 교육자 집안에서 무남독녀로 곱게 성장한 여인입니다. 고등교육까지 마치고 믿음으로 생활하는 그런 사람이 어떻게 초등학교 교육도 중노에서 포기하고 장애인이면서 철새처럼 방황하고 있는 나를 이해하고 살아보겠다는 결심을 가졌는지 지금도 꿈만 같고 믿어지지 않습니다.

아내의 헌신적인 노력을 보면서 제가 죽을 때까지 철저하게 위대한 신의 힘에 의지하고, 더 이상 술로 인해 내 삶을 허비하지 않아야 겠다는 다짐을 하게 되었습니다. 우리 부부는 지금까지 작은 행복을 위해 여러 가지 장애와 알코올 중독을 극복하며 살아왔습니다. 그 결과 이제는 조그마한 둥지를 만들 수가 있었습니다.

방 얻을 돈이 없어 서울에서 시골로 내려와 빈집을 전전하며 떠돌던 지난 날의 힘든 상황을 영원히 잊지 않고, 그 시절을 거울삼아 죽는 날까지 우리 부부는 최선을 다하여 진실하게 살고자 약속했습니다. 그러나 1994년 아무런 계획 없이 무작정 부부사랑 힘만 믿고 새로운 삶을 시작한 우리 부부는 날이 갈수록 불안하고 초조한 살림살이로 먹을 것이 없어 이종형님 댁에 가서 쌀을 한 말 구해서 먹는 동안 서로가 갈등하기 시작했습니다. 장애인과 또 질병에 걸려 있는 알코올 중독자, 미래는 보이지 않고 서로가 살아온 환경이 틀려 의견이 일치하지 않아 대립 상태가 연속해서 발생하다 보니 알코올 중독이 재발되고 말았습니다. 술을 마시고 취해 인

사불성으로 예전의 모습 그대로 뒹구는 안하무인격인 술 주정 때문에 아내는 친구에게 전화해서 친구 차를 빌려 동네 사람 보이지 않는 냇가에 데려다 놓고 술이 깨어나기까지 기다려주곤 하였습니다. 이토록 아내에게 고통을 주고 눈물을 흘리게 한 것을 후회합니다. 앞으로는 아내에게 속죄하는 마음으로 살고자 합니다. 정말 천사 같은 아내를 만나지 못하였다면 '알코올 중독자 오○○라는 이름 석자는 이 세상에 존재하지 않고 저 세상 사람이 아닐까?'라는 생각이 듭니다.

새삼스레 알코올 중독에 대한 충격을 느끼며 삶을 더욱 알차게 살아야 한다는 결심이 섭니다. 그리고 세계적인 단주친목 A.A.를 접하면서 제가 이제까지 엉터리로 세상을 살아왔다는 것을 확인할 수가 있었습니다. 단주모임인 A.A.를 통해 회복이 되어가고 있지만 지난날의 인격적 타락과 책임회피, 그리고 타인에 대한 불신과 같은 오랜 습관은 아직도 문득문득 되살아나고 있습니다. 지금까지 못난 저의 삶을 보면 반성의 시간이 부족하다고 생각합니다. 알코올 단주친목 A.A.와 '나의 경험담 메시지'를 들고 마야정신병원 알코올 병동으로 향하는 길만이 그동안 나의 죄를 씻을 수 있고 또한 추하고 고통스런 날들이 조금씩 회복될 것이라는 생각이 들었습니다. 그리고 내 평생 힘들고 추한 알코올 중독의 경험담과 메시지를 전달받고 이 글을 읽는 단 한사람이라도 술을 끊겠다는 의지와 결심이 생겼으면 합니다. 그리고 저 또한 변함없이 ○○단주친목 ○○그룹 A.A.멤버 역할을 하면서 단주를 위해 노력하고 있습니다.

오랫동안 술에 찌들어 생활한 지독한 알코올 중독자가 지금, 술 충동을 잠재우고 7년을 단주회복에 참여하면서 "왜 그렇게 술에 빠져 정신 없이 살았을까"라는 후회를 하게 되었습니다.

그래서 저는 이러한 잘못된 술 습관을 철저한 영적 각성으로 되돌아보고 두 번 다시 술 취한 모습으로 살지 않겠다고 굳게 다짐을 해봅니다. 평생 말로만 단주를 외쳐보는 것은 아무 소용이 없고 열심히 실천하고 노력하는 것만이 단주회복의 길을 갈 수 있다는 것을 뼈저리게 체험하였습니다. 단주의 길은 끝없이 멀리 보였지만 할 수 있다는 자신감으로 술과 전쟁을 선포하며 살아가고 있습니다. 누가 나 대신 알코올 중독을 끊어주진 않습니다. 자신이 만든 술병은 스스로 책임지고 해결해야 된다는 A.A.원칙이 빛 바래지 않게 강인한 정신력으로 단주하고 회복된다고 믿고, 실천자로 달리고 있습니다.

지난날 알코올 중독을 끊을 각오로 교육과 상담을 받으며 술에 대한 경각심을 깨우쳐 보았습니다. 그러나 교육받은 그 자리에서는 결심이 서지만 교육이 끝나면 무얼 들었는지 잊어버리곤 하였습니다. 한번 알코올 중독이 되면 완치가 어렵습니다. 술로 인해 교통사고를 당해 지체1급이라는 불구의 훈장을 받고 있지만 이제는 나의 가슴을 활짝 열고 모든 것을 받아들이고 현재의 삶에 만족하면서 세상을 사랑하기로 하였습니다. 그리고 술을 끊겠다는 다짐을 항상 가슴 깊이 되새기며 두 번 다시 술로 인해 거리를 방황하는 알코올 중독자가 아닌 봉사의 단주 캠페인을 지속적으로 하고 싶습니다. 뒤늦게 되찾은 행복은 세상 어느 것보다 값진 것이며 지금 이 기쁨으로 행복하게 살고 싶습니다. 지금도 최선을 다해 우리 부부의 작은 꿈 동산을 만들어가고 있습니다.

34년 동안 알코올 중독자로서 보낸 저를 새롭게 태어날 수 있도록 해주신 하느님께 감사드립니다. 알코올 중독자이면서 지체1급 장애인 제가 재활과 극복과정에서 많이 힘들어 할 때 옆에서 아낌없는 사랑으로 보살펴주시고 감싸주신 모든 분들에게 깊은 감사를 드립니다.

3. 마약류의 종류

마약류란 사람의 정신에 변화를 일으키는 습관성 또는 중독성을 지닌 모든 물질을 말한다. 마약류에는 진통제, 마취제 등으로 쓰이는 모르핀, 아편, 바비튜레이트와 같은 의료용 마약류와 술, 담배, 본드와 같은 비의료용 마약류가 있다.

마약류는 또한 중추신경흥분제, 중추신경진정제, 환각제 등으로 구분할 수가 있다.

1) 중추신경흥분제

흥분제는 뇌와 교감신경에 작용하여 의식의 기민함과 운동활동을 증가시킨다. 흥분제를 복용하면 안정감이 없어지고 수다스러워지며 불면증에 걸리기 쉽다. 다행감이나 흥분, 활동력, 불안 등이 있으며 동공이 확대되고 혈압이 오르며 심장 박동이 빨라진다. 암페타민 류(필로폰, MDMA 등), 카페인, 니코틴, 코카인 등이 중추신경흥분제에 해당된다.

(1) 필로폰(Phillopon)

최근에 국내에서는 필로폰의 남용이 심각한 사회문제가 되고 있다. 필로폰은 1990년대에 와서 전 세계적으로 확대되고 있는 실정이나 우리나라를 비롯하여 일본, 대만 등에서 가장 심각한 사회문제가 되고 있다. 2001년 현재 우리나라에서 치료받은 중독자 중 필로폰 남용자는 전체의 약 85% 이상에 달하고 있다 (정명훈, 2002).

필로폰이 처음으로 시판될 당시에는 졸음을 쫓고 피로감을 없애주는 단순 각성제로 인식되었다. 2차 세계대전 중에는 일본에서 군수용품으로 대량 생산되어 군인 및 군수 공장 등지에서 일하는 노동자들과 군인에게 제공되어 피로감을 없애고 작업 능력이나 전투 능력을 올리기 위한 수단으로 이용되었다.

필로폰은 뇌간의 중앙 부위에 있는 망상체에 작용한다. 필로폰은 말초신경으로부터 노르에피네프린의 방출을 증가시키며, 증가된 노르에피네프린은 과행동이 있는 어린아이에게는 진정 효과를 주며 활동적이지 못한 사람에게는 빨리 활동하게 하거나 세포의 활동을 증가시킨다. 소량을 사용할 때 혈압이 상승하고 식욕이 저하되며, 정신적으로는 자신감과 주의력이 증가하고 다행감이 일어난다.

필로폰을 자주 사용할 경우 심장혈관계 기능장애, 신장병, 고혈압, 뇌출혈 등 신체적 손상이 생긴다. 남용할 경우에 체중이 크게 감소하고, 식욕이 없어지며, 균형 감각이 상실되고 병이나 상처의 회복이 느리고 몸이 떨리게 된다. 정신면에서는 우울한 기분, 사소한 일에 지나치게 집중하고 피해 의식을 가지게 되며, 불쾌한 환시나 환청을 경험하기도 한다.

현재 국내의 필로폰 중독자들은 주로 성적 쾌감을 높이기 위해서 사용하고 있으며 택시 운전사 등 일부 계층에서는 피로를 회복하기 위한 방법으로도 사용되고 있다.

필로폰을 하게 되었을 경우에는 눈이 충혈되어 있거나 풀려 있으며, 손에 땀이 많이 나고, 입이 바짝 말라서 물을 많이 마시게 된다. 흥분해서 말이 많아지며 환각상태를 보인다. 이외에 필로폰을 한 후에 나타나는 간접적인 신호로는 가족에 대해 터무니없이 의심하거나 가족과의 갈등이 증가된다. 집에서의 생활방식이 이전과 달라지고 눈치를 많이 본다. 짜증을 자주 내고, 방문을 닫아걸고, 방에서 잘 나오지 않으려 한다. 직장생활이나 학교생활이 어렵다.

(2) 엑스터시(Ecstasy, 도리도리)

엑스터시는 1999년 이후 우리나라에서 젊은층을 중심으로 급속히 확산되고 있는 신종 마약이다. 엑스터시는 암페타민과 유사한 화학구조를 갖는 MDMA(Methylendioxy Methamphetamine)로 통칭되는 암페타민계 유기화학물질이다. 보통은 정제형이고 분말이나 캡셀형태로 사용되기도 한다.

엑스터시는 세로토닌, 도파민, 노르에피네프린과 같은 신경전달물질의 활동수준을 증가시켜서 그 결과 대뇌 활동을 증가시킨다. 엑스터시를 복용한 후 대략 1시간이 지나서 효과가 나타나기 시작하며 효과가 약 3시간 정도 지속된다. 약리작용으로는 식욕상실, 수면욕을 억제하며 과다 사용할 경우 사망하게 된다. 엑스터시는 감수성을 예민하게 하며 흥분을 일으키고 긴장을 완화시키며, 타인에 대한 거부감을 줄이고 동정심을 유발시키며 친밀감을 주기 때문에 나이트 클럽이나 댄스 파티 등에서 많이 사용되고 있다.

(3) 코카인(Cocaine)

코카인 또한 중추신경 흥분제의 하나이다. 코카인은 가루형태로 코로 들이 마시기도 하며 파이프나 궐련의 형태로 피우기도 한다. 코카인은 고통을 감소시켜주고 두뇌에 빠르게 작용하여 도파민 재흡수를 차단하고, 이러한 작용을 통하여 감각적 기민성을 높여주고 자신감을 가지게 하며 기분을 좋게 한다. 대인관계에서 예민해지고 긴장되고 불안하며 수다스럽기도 한다. 성적 욕망이 강해지고 고양감이나 행복감 및 지치지 않는 듯한 느낌을 가지기도 한다. 코카인은 단 한 번 사용하는 것만으로도 심리적 중독 현상이 일어난다. 중독되었을 경우에 피해망상, 성욕증가, 환청, 괴상한 행동, 폭력적 행동을 보인다. 장기 복용을 할경우에 과민성 및 주의집중장애, 강박 행동, 심한 불면과 체중감소 등을 보인다. 금단 증상으로 약물을 하고 싶은 생각이 강해지고, 부정적 관념, 우울한 기분, 불쾌감이나 예민성, 피로감, 수면증가, 불안 등이 나타난다. 금단 증상은 2-4일째 극도에 달한다.

1980년대에는 크랙(Crack)이라 불리는 약효가 비슷한 새로운 형태의 혼합물이 출현하였다. 크랙은 쉽게 기화되고 쉽게 흡입되며 효과가 빨리 나타난다. 크랙은 가격이 싸기 때문에 청소년들 사이에 많이 증가되고 있는 등 여러 가지 사회적 문제가 되고 있다(민성길, 2001).

2) 중추신경진정제

진정제는 신체의 활동을 느리게 하여 신체의 반응성을 감소시킨다. 호흡, 혈압, 심장 박동과 세포의 신진대사와 같은 활동을 억제한다. 다행감, 진정, 졸음을 유발한다. 알코올, 신경안정제, 아편, 모르핀, 헤로인, 바비튜레이트 등이 진정제에 속한다.

(1) 아편류(opioid substances)

중독성을 지닌 진정제로서의 아편은 자연산으로 양귀비의 수액이다. 모르핀(morphine)은 아편에서 정제된 약물이다. 아편제는 일종의 중독성 진정제를 뜻한다. 아편을 하게 되면 황홀감과 강력한 쾌감, 평온감 등이 일어난다. 모르핀은 천연 아편에서 분리되었으며 진통제와 진정제로 의약품으로서 널리 사용되었다. 헤로인은 모르핀을 화학적으로 변형하여 보다 강력하게 만든 것이며 중독성이 강하다. 주로 정맥주사나 코로 흡입하거나 흡연하기도 한다. 모르핀이나 헤로인을 하게 되면 몸이 가라앉고 졸음, 행복감 등이 일어나며 근육의 조정능력이 저하된다.

메사돈(methadone)은 효과가 모르핀과 흡사하나 작용시간이 길고 다행감이 적어 금단증상 치료에 이용된다. 아편(opium)은 기원전 7000년 전에도 사용한 역사가 있으며 현재 동남아시아와 중동지역에서 주로 생산되고 있다. 아편류의 사용을 반복하게 되면 내성이 생기게 되며 중단할 경우 금단증상을 보이게 된다. 아편은 정맥주사를 맞는 즉시, 강렬하고 힘이 넘쳐나는 듯한 쾌감을 느낀다. 이러한 효과는 4시간 내지 6시간 지속된다. 그러다가 기분이 감퇴되어 혼수상태와 비슷하게 된다. 투여 중단 6-8시간 후 금단 현상이 일어난다. 눈물과 콧물이 흐르고 땀을 많이 흘리게 된다. 근육통을 느끼며, 재채기와 하품을 한다. 헤로인을 장기간 복용시에는 불안과 성욕감퇴, 변비 등이 나타난다.

3) 환각제

환각제는 중추신경계를 흥분시키기도, 억제시키기도 하며, 때로는 흥분작용과 억제작용을 동시에 일으키는 변칙적 작용을 한다(주왕기, 곽영숙, 주진형, 2000). 지각, 감각, 판단력, 자기 인식,

감정 등에 영향을 미치는 마약류로서 다행감이나 이완, 시간에 대한 감각의 변화, 망상, 환상 등을 유발한다. 대마초, LSD, 진해거담제 등이 이에 속한다.

(1) 대마초(Marijuana)

대마초는 대마의 잎과 꽃에서 얻어지는 물질로서 400여 종 이상의 화학물질로 구성되어 있다. 대마초는 중추신경계와 심맥관계, 호흡기에 영향을 미친다. 대마초를 계속 하게 되면 폐의 감염이나 만성 기관지염, 축농증 등을 유발할 수가 있다. 또한 뇌에도 심각한 영향을 끼친다.

대마초를 흡입한 수분 만에 이완, 다행감, 지각의 변화 등이 나타난다. 30분 후에 최고조에 달하여 2-4시간 이상 효과가 지속된다.

대마초를 한 사람의 경우에는 눈이 충혈되어 있고 눈물을 많이 흘리며, 마른 잎 탄 냄새가 몸에 배어 있는 경우가 많다. 판단력이나 기억의 장애, 다행감 등을 보인다. 심하게 중독되어 있는 경우 말이 횡설수설하고 몸의 조정능력을 상실하고 비틀거리며 급성정신질환 증세를 보인다. 장기간 대마를 할 경우에 일을 하고자 하는 동기가 없고 주의집중이 부족하며 무기력해지는 증상이 있다. 금단 증상으로는 수면장애, 식욕장애, 과민성, 불안, 우울 등을 보인다. 대마초는 심리적 의존경향은 가지고 있으나 신체적 의존현상은 드물다.

(2) LSD(Lysergic acid diethylamide)

LSD는 대표적인 환각제의 하나이다. 투명한 백색 결정성 가루

로 냄새가 없다. 댄스 파티 등에서 많이 사용된다. 약물을 복용
하게 되면 지각과 감정 및 사고장애를 일으킨다. 주로 강하고
기묘한 정신적 반응을 일으키고, 시각, 촉각, 청각 등 감각을 왜
곡시키는 가장 강력한 물질이다. 일반적으로 경구로 복용하며
정제, 캅셀, 액제 등의 형태가 있다. 복용 후 30분부터 90분 사
이에 약효를 나타내며 체온상승, 심장박동수 증가, 혈압증가, 발
한, 식욕감퇴, 전율 등이 나타난다. 외적인 변화는 크지 않지만
중독자에게서 뇌와 염색체에 손상을 일으키며 눈동자가 풀리고
창백해지며 심박동과 혈압이 빨라지고, 수전증, 오한 등의 현상
이 일어난다. 감각인식능력 이상을 초래하여 정신분열병 증상을
보이고 심리적 의존현상을 보이기도 한다.

4) 흡입제(Inhalants)

흡입제는 주로 청소년들이 사용하고 있는데, 구하기가 쉽고
가격이 싸기 때문이다. 흡입제는 탄화수소류와 비탄화수소류로
구분할 수가 있다. 탄화수소류는 본드(아교), 신나, 가솔린, 매니
큐어 제거제, 크로로포름 등이며 비탄화수소류는 에어로졸 스프
레이, 이산화질소 등이다.

본드나 가스의 경우에는 다른 약물에서 볼 수 없는 강력한 파
괴현상이 있기 때문에 회복되는 기간이 길거나 의식을 잃는 경
우가 많아 매우 위험하다.

흡입제를 흡입하면 그 영향은 즉각적으로 나타난다. 효과는
일반적으로 흡입한 후 대략 5분부터 40분까지 지속된다. 흡입한
후에 다양한 환상을 경험할 수 있다. 흡입하게 되면 눈이 침침

해지고 눈의 초점이 흐려지며, 머리가 아프고 피로감을 자주 느낀다. 또 행동이 느려지며 나쁜 환상이 꿈에 나타나기도 하며 상처가 잘 아물지 않는다.

정신적 변화로는 자기중심적이고 신경질적이고 매사에 귀찮다는 생각을 하고 멍하게 앉아 있는 일이 많다. 학생의 경우에는 기억력 감퇴로 성적이 떨어지고 결석률이 높아지면서 학교에 대한 흥미를 잃게 되어 결국 학교를 중퇴하게 되며 인격발달에 심각한 손상을 가져오게 된다.

4. 마약류 중독의 원인

마약류 중독의 원인은 생물학적 요소와 심리적 요소 그리고 사회문화적 요소 등으로 설명할 수가 있으나 치료에서는 주로 생물-심리-사회적 접근을 하고 있다.

1) 생물학적 요소

마약류 중독의 원인은 아직 뚜렷하게 알려지지 않았으나 유전적이며 생물학적 요소가 영향을 미친다고 본다. 마약류 중독자의 부모를 둔 경우에는 자녀가 중독자가 될 가능성이 높다. 알코올 중독자의 친척들과 자녀들의 경우는 알코올 문제에 빠질 가능성이 많다. 알코올 중독자를 부모로 둔 자녀는 중독자의 부모를 두지 않는 자녀에 비하여 알코올 중독이 될 가능성이 약 4배가 된다. 쌍둥이 연구에서는 이란성 쌍둥이보다 일란성 쌍둥

이가 카페인, 니코틴, 아편제 사용의 일치율이 높은 것으로 나타
났다. 유전적 소인을 가진 사람은 소인이 없는 사람에 비하여
마약류와 같은 물질로부터 효과를 더 경험하게 되며 약물에 의
한 불쾌감이나 우울한 기분과 같은 좋지 않는 경험을 덜 하게
된다.

　최근에는 알코올이나 마약류 중독자들의 경우 도파민의 분비
량이 보통 사람들과 다르다고 알려지고 있다. 도파민은 보상이
나 쾌감과 관계되는데, 중독자들은 분비되는 도파민의 양이 보
통 사람들보다도 적다. 그렇기 때문에 보통 사람들보다 더 강렬
한 보상적 쾌락적 자극을 찾으려 한다. 또 한편으로는 특정물질
을 장기적으로 남용하게 되면 결국 뇌의 수용체 계통을 조절하
게 되고 뇌의 항상성을 유지하기 위해 외부로부터의 어떤 물질
을 필요로 하게 되어 내성이 나타나게 된다.

　생물학적 요소로 볼 때 마약류 중독은 치료받아야 할 하나의
질병으로 보고 약을 사용하여 치료하고자 한다. 예를 들어 헤로
인 중독자를 위한 생물학적 치료에서는 헤로인을 대신하는 메타
돈과 같은 것이 쓰인다. 이 메타돈은 헤로인과 비슷한 효과를
내지만 중독성은 덜하다. 메타돈이 헤로인 대신으로 의존되기도
한다. 코카인의 경우에도 데시프라민(desipramine)을 복용하여
그 양을 줄이고 클로니딘(clonidine)과 같은 약을 사용해 금단 증
상을 줄일 수 있다.

　우리의 신체는 부적인 피드백 시스템에 의해서 동질정체를 유
지하려는 경향이 있다. 약물이 체내에 들어왔을 때에는 신체 내
에서 반대과정이 일어나며, 약물이 중단되었을 경우에는 반작용
이 일어나서 금단 증상을 경험하게 된다. 이런 생리적 과정으로

신체가 약물에 의존하게 되고 약물을 중단하였던 사람이 다시 약물을 하게 되면 신체적 의존 기제가 다시 활성화되어 중독자의 경로를 다시 반복하게 된다. 생물학적 치료의 효과는 심리치료와 함께 실시될 때 더 향상된다.

2) 심리적 요소

심리적 이유로 마약을 하게 된다. 마약을 하게 되면 기분이 좋아지고 불안이 감소될 것이라는 기대로 사람들은 마약을 찾게 된다. 마약류를 남용하게 되면 화학직 작용으로 뇌의 쾌감중추가 자극받기 때문이다. 특히 마약류 중독자들은 보통 사람들에 비하여 즉각적인 쾌락을 더 추구하기 때문에 쉽게 마약을 사용한다. 같은 맥락으로 마약을 함으로써 그들은 현실적 문제를 도피하게 되고 갈등이나 자기 비난을 일시적이나마 피할 수 있다.

마약류를 남용하는 사람들은 약물에 의존하게 되는 취약한 성격특성이 있다(Oyefeso, 1995; Tarter, 1988). 대체로 자기존중감이 낮기 때문에 약물을 통한 신체의 변화에서 자아존중감을 가지려 한다.

대부분의 마약류 중독자들은 일관되고 강한 아버지 상이 없고 어머니에 대해서는 소유와 거절의 양가감정을 가지고 있다. 그리고 비교적 불건강한 방어기제를 사용하고 내적 통제를 잘못하기 때문에 자신이 바라는 욕구를 즉각적으로 얻으려는 경향이 많다. 또한 목표를 향하여 장기간 끈질기게 노력하여 만족을 획득할 수 있는 자아능력이 부족하다. 이들은 다른 사람에게 과장되고 무리한 요구를 하게 되고 그러므로 계속적으로 대인관계에서 좌절감을 맛보게 된다.

청소년의 경우 정체감 혼란과 낮은 자아개념은 청소년들로 하여금 마약류를 사용하게 만드는 심리적 요인으로 작용하면서 동시에 마약류 남용이 자아의 발달을 저해하고 왜곡시킨다. 특히 마약류를 사용하는 비행청소년은 본능적 충동을 억제하기가 어렵고 사회가 정한 윤리적 기준을 지킬 수가 없으며 애정을 강하게 갈구하는 편이다(홍성화, 홍미기, 2001).

정신분석적 이론으로 보면 마약류 중독자는 불안과 갈등으로부터 벗어나기 위해서 약물을 사용하며 중독의 고통스러운 결과를 피하는 능력이 부족하기 때문에 마약을 계속 사용하게 된다는 것이다.

심리적인 갈등이나 스트레스를 받을 때 마약류를 사용하게 되면 자기 부정적인 태도와 연관된 부담감이 줄게 된다. 그리고 불안이나 우울한 기분이 줄어들게 되고 수용적인 태도로 바뀌게 되기 때문에 마약을 접하게 된다. 마약류 중독자들은 자신의 해결되지 않는 성적 충동이나 성적 좌절감 그리고 사회적 좌절감을 마약의 효과로써 해결하려고 한다.

마약류 남용자들은 죄의식, 불안, 감정적인 고통, 분노 등으로부터 보호받기 위해서 복잡한 심리적 방어기제를 가지게 되는데 이 중에서 부정은 가장 두드러지고 보편적인 방어기제로 널리 사용되고 있다. 이러한 부정은 (1) 자신은 마약류 남용자가 아니며 자신의 행위가 보편적이며 정상적이라는 주장, (2) 마약류 중독의 원인을 다른 사람이나 상황탓으로 돌리며 변명하고 합리화하는 것, (3) 언제든지 마음만 먹으면 마약을 끊을 수 있다는 것 등이다(최선화, 1996).

인지행동적 이론은 마약류의 사용은 어떤 개인이 스트레스를 받게 되었을 때 부적응적이긴 하지만 그것도 나름대로의 대처방식으로 이해한다.

3) 사회적 요소

마약류 중독이 가정이나 동료집단, 생활환경, 문화, 사회의 영향에 의해서 나타난다고 간주한다. 즉 가난, 마약류를 접근할 가능성이 높은 것, 동료들로부터 약을 하도록 압력을 받는 것, 가족관계의 붕괴 등과 같은 외부적 요인이 마약을 하게 되는 원인이 된다.

마약 중독자가 속한 사회나 집단이 개인의 욕구를 만족시키는 마약을 제공하고, 동료 중독자들의 유혹과 압력을 받게 되면 마약을 남용하게 된다. 특정한 집단 내에서 마약의 사용은 나중에 있을 처벌보다는 지금 동료집단에서 더 많은 격려와 보상을 받게 되기 때문이다. 그리고 마약류 남용집단은 자기가 속해 있는 특정한 집단을 통해서 마약류의 구입이나 사용에 대한 여러 정보와 기술을 배우게 된다. 특히 청소년들은 또래를 통해서 마약류 사용효과에 대한 과장된 정보를 듣게 되는데, 이때 마약류를 사용함으로써 생기는 부정적 영향에 대한 정보는 거의 없거나 최소한으로 약화된 것이다. 또 마약류 남용집단과 어울리게 되면 건전한 또래와의 유대가 점점 단절되기 때문에 마약류 남용행위가 급속히 증가된다. 대부분의 마약류 중독자들은 외부세계와 단절되고 그들끼리만 어울리게 되어 의사소통이 제한되고 점점 더 고립되는 경우가 있다. 마약류를 쉽게 사용하는 환경에서

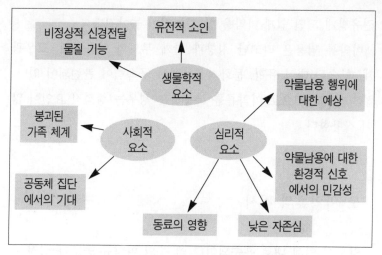

〈그림 3〉 약물남용에 대한 생물심리사회적 모델
Levintal(2002)

생활하는 청소년들은 대부분의 사람들이 마약을 사용한다고 생각하고 있으며 죄책감을 거의 가지지 않게 된다.

4) 생물심리사회적 요소

마약류 남용의 원인은 사회환경적 요인과 성격·심리적 요인 및 유전적 특성 등으로 나누어볼 수가 있으나 이중 한 가지 요인만으로 설명하기가 어렵고 여러 요인들이 상호작용하고 있는 것으로 이해하는 것이 좋다. 생물-심리-사회적 요소로 보면 생물학적 혹은 유전적으로 취약한 소인을 가지고 있는 사람은 마약류를 사용할 가능성이 더 높아진다.

청소년들의 경우에는 학업에 대한 스트레스와 가정의 붕괴, 장래에 대한 절망감을 가진 경우에 주위의 친구로부터 마약을 권유받게 되면 쉽게 마약을 할 가능성이 높아진다.

마약류 남용은 타고난 성향과 함께 부모의 양육형태, 교우관계, 학습된 대처 유형, 문화적·사회적 구속력이 관련되어 있다. 하지만 장기적으로 마약류를 복용하는 경우는 성격적 요인이 많이 작용한다.

5. 마약류의 검사

약물이 인체 내로 흡수되어 혈액 중의 마약류 농도가 일정 수준 이상이 되면 마약류의 효과가 나타난다. 혈중 마약류는 간, 폐, 신장 등에서 체내 대사를 받아 마약류마다 고유한 대사체를 생성하며, 생성된 대사체는 소변, 모발, 땀, 호흡기, 대변, 손톱, 발톱 등 배설경로를 통하여 배설물과 함께 약물 대사체도 배설된다(인문교, 2002).

마약류 검사에는 소변 중의 약물검사와 모발검사를 들 수가 있다. 일반적으로는 소변검사로 많이 사용한다. 소변은 수일 이내에 복용한 마약류를 확인하는 데 주로 사용되며 모발감정은 수개월 전에 복용한 마약류의 복용여부를 확인하는 데 사용되고 있다.

마약류 검사는 불법적으로 마약류를 사용한 것에 대해 법적인 제재를 받게 한다는 점뿐만 아니라 마약류 중독자에게 치료의 기회를 제공한다는 점에서도 의의가 있다.

1) 소변검사

소변 중 마약류 검사는 마약류 중독자를 분별할 수 있는 중요한 수단이다. 특히 회복단계에서 실시하는 약물검사는 약물에 대한 충동을 억제하도록 해주어 단약하는 데도 도움을 준다 (Budney & Higgins, 1998). 소변검사는 마약류 남용을 적절하게 치료하기 위해 필수적으로 운영되어야 할 부분이다. 약물이 몸 속에 남아 있는 기간은 약물의 종류와 사용조건에 따라 다르지만 코카인의 경우 1회 복용 후 1일 이내에만 소변에서 검출된다.

필로폰은 투여량의 43%가 24시간 내에 배출된다. 투약 후 30분부터 필로폰 성분이 소변으로 배설되기 시작하여 단순투약은 투약 후 4일 이내에 투여량의 90%가 배설된다. 상습 투약자는 7-10일까지 판단된다. 대마 성분의 마약류 배설기간은 흡연 후 4-8시간부터 대마성분이 소변으로 배설되기 시작한다. 단순흡연은 흡연 후 약 5-10일, 중독자는 약 1개월까지 판단된다.

2) 모발검사

모발은 1980년대에 들어와서는 남용되는 마약류의 검출시료로 중요성이 대두되고 있다. 모발에 들어 있는 마약류는 거의 영구적으로 계속 남게 되므로 수개월 혹은 수년 경과한 모발에서도 이발을 하지 않는 한 마약류 검출이 가능하다. 그러나 모발 중에는 마약류가 미량 포함되어 있으므로 숙련된 분석기술이 필요하고, 모발의 길이에 따른 농도분포, 개체간의 자라는 비율, 환경에 의한 오염, 머리손질, 모발 체취부위 등 여러 요인에 따라 농도의 변화가 생기는 단점이 있다.

6. 마약류 중독자에 대한 심리학적 평가

마약류 중독자가 입원하거나 혹은 상담을 의뢰해왔을 경우에
는 먼저 내담자에 대한 평가를 하여야 한다. 먼저 신체적 문제
가 있을 경우 관련 전문의에게 의뢰해야 한다. 다음에는 면담과
각종 심리검사를 실시한다.

면담은 현재 및 과거의 증상, 가족 및 대인관계, 직업이나 법
률적 문제 등을 평가한다. 마약류 중독의 유형과 심각성을 알아
보기 위하여 행동관찰을 한다. 대마초를 하게 되면 몸에서 마른
잎이 타는 냄새가 난다. 본드나 가스를 할 경우에는 몸에서 본
드나 가스 냄새가 나기도 하며 점막이 자극되어 있고 빠른 맥박
을 보일 수가 있다. 본드나 가스를 흡입한 경우에는 몽롱한 도
취감을 가지고 있고 발음이 분명하지 않으며, 인식력이나 조절
능력에 장애를 보인다.

일반적으로 중독자의 성격특성 및 정서상태 등을 알아보기 위
하여 사용되는 심리검사는 MMPI, SCL-90-R, BDI, 불안척도,
자존감 척도 등이다. 중독자의 기질적 변화나 인지기능의 장애
를 알아보기 위하여 B-G, K-WAIS 등의 검사를 사용할 수 있
다. 그리고 중독자가 마약을 하게 된 내적 동기나 충동을 알아
보기 위하여 SCT, DAP, Rorschach, TAT 등의 투사적 검사가 사
용되기도 한다.

심리검사는 임상심리전문가의 지도와 감독을 받고 조심스럽게

사용되어야 한다. 자칫하면 검사결과를 기계적으로 해석하게 되어 내담자에게 적절한 도움을 주지 못하거나 해를 입힐 가능성도 있기 때문이다. 주로 사용되는 심리검사는 다음과 같다.

1) MMPI

마약류 및 알코올 중독자들의 성격특성을 객관적으로 알아보기 위한 연구에서 다면적 인성검사(Minnesota Multiphasic Personality Inventory; MMPI)가 많이 사용되고 있다. MMPI는 4개의 타당성 척도와 10개의 임상 척도로 구성되어 있다. 4개의 타당성 척도는 무응답 척도와 허구 척도, F 척도, 그리고 K 척도이다. 10개의 임상 척도는 건강염려증 척도(1), 우울 척도(2), 히스테리 척도(3), 반사회성 척도(4), 남향성-여향성 척도(5), 편집증 척도(6), 불안증 척도(7), 정신분열증 척도(8), 조증 척도(9), 내향성-외향성 척도(0)이다. 4개의 타당성 척도와 10개의 임상 척도는 T점수로 환산되게 되어 있다. T점수로 70이상은 비정상적임을 나타낸다. 국내에서는 T점수로 65이상도 의미가 있는 것으로 해석하며 60이상은 다소 경향성을 가지고 있는 것으로 해석할 수 있다. 필로폰 중독자의 경우에는 정상인에 비하여 반사회적 성향을 시사하는 Pd(4) 척도가 특별히 상승되어 있는 것으로 나타났다(진영호 등, 2000).

2) SCL-90-R

간이정신진단검사(Symptom Checklist-90-Revised; SCL-90-R)는

정신과적 증상을 평가하기 위하여 처음 Derogatis(1977)에 의해 개발되었다. 국내에서는 1984년 김광일, 김재환 및 원호택에 의해서 표준화되었다. 이 검사는 다양한 정신과적 증상을 기술하는 90개의 문항에 대하여 Likert 5점 척도상에서 평정하도록 되어 있는 주관적인 검사이다. 이 검사에서는 피검사자의 정신과적 증상을 신체화, 강박증, 대인예민성, 우울, 불안, 적대감, 공포불안, 편집증, 정신증 등 9개의 차원으로 평가할 수 있게 되어 있으며 피검사자의 전반적 정신건강 수준을 전체 심도지수(Global Severity)로 알 수가 있다. 전체 심도지수와 9개의 증상 척도는 T 점수로 환산된다. SCL-90-R 역시 T점수로 70이상은 비정상적임을 시사하고 60이상은 경향성을 가짐을 의미한다.

3) BDI

BDI(Beck Depression Inventory; BDI)는 우울한 기분을 측정하기 위한 검사이다. 국내에서는 이영호와 송종용(1991)이 번안하였다. 이 질문지는 총 21문항으로 이루어져 있고 각 문항은 4개의 기술문으로 구성되어 우울증상의 정도를 반영하도록 되어 있다. 가능한 점수는 0점에서 63점이다. 점수가 높을수록 우울한 기분을 나타내고 있다. 5-9점은 우울증이 전혀 없거나 매우 경미함, 10-18점은 가볍거나 보통 정도의 우울증, 19점에서 29점은 보통 정도에서 심한 우울증, 30점에서 63점은 우울증이 심함을 의미한다(박경, 최순영, 2002). 국내에서의 연구에 의하면 중독자들의 BDI 점수가 평균 11점 이상으로 나와 경미한 우울증을 가지고 있었다(박상규, 2002b).

BDI 검사

이 름 :   나 이 :   날 짜 :

 다음의 문항을 읽어보시고 각 번호의 여러 난 중에서 요즈음 자신에게 가장 적합하다고 생각되는 번호를 하나씩만 골라 ○표를 하십시오.

1. 1) 나는 슬프지 않다. ( )
 2) 나는 슬프다. ( )
 3) 나는 항상 슬프고 기운을 낼 수 없다. ( )
 4) 나는 너무나 슬프고 불행해서 도저히 견딜 수 없다. ( )

2. 1) 나는 앞날에 대해서 별로 낙심하지 않는다. ( )
 2) 나는 앞날에 대해서 용기가 나지 않는다. ( )
 3) 나는 앞날에 대해 기대할 것이 아무것도 없다고 느낀다.
  ( )
 4) 나는 앞날은 아주 절망적이고 나아질 가망이 없다고 느낀다. ( )

3. 1) 나는 실패자라고 느끼지 않는다. ( )
 2) 나는 보통사람들보다 더 많이 실패한 것 같다. ( )
 3) 내가 살아온 과거를 뒤돌아보면, 실패 투성인 것 같다. ( )
 4) 나는 인간으로서 완전한 실패자라고 느낀다. ( )

4. 1) 나는 전과 같이 일상생활에 만족하고 있다. ( )
 2) 나는 일상생활이 예전처럼 즐겁지 않다. ( )
 3) 나는 요즘에는 어떤 것에서도 별로 만족을 얻지 못한다.
  ( )
 4) 나는 모든 것이 다 불만스럽고 싫증난다. ( )

5. 1) 나는 특별히 죄책감을 느끼지 않는다. (　)
   2) 나는 죄책감을 느낄 때가 많다. (　)
   3) 나는 죄책감을 느낄 때가 아주 많다. (　)
   4) 나는 항상 죄책감에 시달리고 있다. (　)

   ⋮

21. 1) 나는 요즈음 성(sex)에 대한 관심에 별다른 변화가 있는
      것 같지는 않다. (　)
   2) 나는 전보다 성(sex)에 대한 관심이 줄었다. (　)
   3) 나는 전보다 성(sex)에 대한 관심이 상당히 줄었다. (　)
   4) 나는 성(sex)에 대한 관심을 완전히 잃었다. (　)

4) 상태-특성불안 척도

상태-특성불안 척도(State-Trait Anxiety Inventory)는 정신장애가 없는 정상 성인의 불안상태를 측정하는 도구이다. 그러나 임상적으로 불안한 집단 및 정신과 환자의 불안을 판별해주는 유용한 검사도구이다. 이 척도는 처음 Spielberg(1970)가 작성하였으며 우리나라에서는 김정택(1978)이 번안하였다. 총 40문항으로 구성되어 있고, 4단계로 된 Likert 척도이다. 개인이 얻을 수 있는 점수의 범위는 상태불안 및 특성불안에서 각각 20-80점까지이며, 점수가 높을수록 불안 수준이 높은 것을 의미한다. 상태-불안 척도는 지금 이 순간에 바로 느끼고 있는 상태를 물어보는 20문항으로 되어 있고 특성-불안 척도는 일반적으로 느끼고 있는 상태를 물어보는 20문항으로 되어 있다.

상태불안 척도

이름 :   날짜 :

지침 : 아래 문장들은 사람들이 자신을 표현하는 데 사용되고
있는 것들입니다. 각 문장을 잘 읽으시고 각 문장의 오른
편에 있는 4개의 항목 중에서 당신이 *지금 이 순간에 느*
*끼고 있는 상태*를 가장 잘 나타내주는 문항 하나를 검게
칠하십시오.
여기에는 옳고 그른 답은 없습니다. 어느 한 문장에 너무
오래 머무르지 마시고 당신이 지금 현재 느낌을 나타내
고 있다고 생각되는 문항에 바로 답을 해주십시오.

전혀 그렇지 않다.	조금 그렇다.	보통으로 그렇다.	대단히 그렇다.
①	②	③	④

1. 나는 마음이 차분하다.   ① ② ③ ④
2. 나는 마음이 든든하다.   ① ② ③ ④
3. 나는 긴장되어 있다.   ① ② ③ ④
4. 후회스럽고 서운하다.   ① ② ③ ④
5. 나는 마음이 편하다.   ① ② ③ ④

⋮   ⋮

20. 나는 기분이 좋다.   ① ② ③ ④

특성불안 척도

이름 :   날짜 :

지침 : 아래 문장들은 사람들이 자신을 표현하는 데 사용되고
있는 것들입니다. 각 문장을 잘 읽으시고 각 문장의 오른
편에 있는 4개의 항목 중에서 당신이 일상생활에서 *일반
적으로 느끼고 있는 바*를 가장 잘 나타내주는 문항 하나
를 검게 칠하십시오.
여기에는 옳고 그른 답은 없습니다. 어느 한 문장에 너무
오래 머무르지 마시고 당신의 지금 현재의 느낌을 나타
내고 있다고 생각되는 문항에 바로 답을 해주십시오.

전혀 그렇지 않다.	조금 그렇다.	보통으로 그렇다.	대단히 그렇다.
①	②	③	④

1. 나는 기분이 좋다.   ① ② ③ ④
2. 나는 쉽게 피로해진다.   ① ② ③ ④
3. 나는 울고싶은 심정이다.   ① ② ③ ④
4. 나도 다른 사람들처럼 행복했으면 한다.   ① ② ③ ④
5. 나는 마음을 빨리 정하지 못해서 실패를   ① ② ③ ④
   한다.

                    ⋮   ⋮

20. 나는 요즈음 걱정거리나 관심거리를   ① ② ③ ④
    생각하면 긴장되거나 어찌할 바를 모
    르겠다.

5) 자아존중감 척도

자존감 척도는 Rosenberg(1965)의 자아존중감 척도(General

자아존중감 척도

이 름 :　　　　　 나 이 :　　　　　　 날 짜 :

　아래의 문항들은 '여러분이 자신을 어떻게 보느냐' 하는 자신에 대한 생각을 나타내는 문항입니다. 여러분의 생각을 잘 나타내주는 난에 ○표를 해주시기 바랍니다.

1. 나는 내가 다른 사람들처럼 가치 있는 사람이라고 생각한다.

대체로 그렇다	보통이다	조금 그렇다	전혀 그렇지 않다
1	2	3	4

2. 나는 좋은 성품을 가졌다고 생각한다.

대체로 그렇다	보통이다	조금 그렇다	전혀 그렇지 않다
1	2	3	4

3. 나는 대체적으로 실패한 사람이라는 느낌이 든다.

대체로 그렇다	보통이다	조금 그렇다	전혀 그렇지 않다
1	2	3	4

4. 나는 대부분의 다른 사람들과 같이 일을 잘할 수가 있다.

대체로 그렇다	보통이다	조금 그렇다	전혀 그렇지 않다
1	2	3	4

5. 나는 자랑할 것이 별로 없다.

대체로 그렇다	보통이다	조금 그렇다	전혀 그렇지 않다
1	2	3	4

⋮

10. 나는 때때로 내가 좋지 않은 사람이라고 생각한다.

대체로 그렇다	보통이다	조금 그렇다	전혀 그렇지 않다
1	2	3	4

Self esteem)를 전병제(1974)가 번안하였다. 이 척도는 10개의 문항으로 된 4점 척도이다. 점수 범위는 10점에서 40점까지이다. 점수가 높을수록 자존감이 높게 지각한 것을 나타낸다.

6) 삶의 느낌 척도

삶에 대한 느낌은 Campbell(1981)이 개발한 검사를 이명신(1998)이 번안한 주관적 삶의 질 척도(Index of Well-being)에서의 삶의 느낌 척도를 사용한 것이다. 점수가 높을수록 삶에 대한 느낌이 긍정적이다.

삶의 느낌 척도

우리는 당신이 지난 몇 달 동안 당신의 삶에 대해서 어떻게
느꼈는지 알고자 합니다. 아래 문항에는 당신의 삶을 나타내는
낱말이 짝지워져 있습니다. 당신이 느꼈던 삶을 보기와 같이 그
낱말의 어떤 위치에 표시해주십시오.

(보기) 만일 당신의 삶이 아주 기뻤다면
　　　　기쁘다　1　2　3　4　5　6　7　슬프다
　　　　당신의 삶이 기쁘지도 슬프지도 않았다면
　　　　기쁘다　1　2　3　4　5　6　7　슬프다
　　　　당신의 삶이 아주 슬펐다면
　　　　기쁘다　1　2　3　4　5　6　7　슬프다

당신은 지난 몇 달 동안 어떻게 느끼셨습니까?

(1) 지루하다　　　　1　2　3　4　5　6　7　재미있다
(2) 즐겁다　　　　　1　2　3　4　5　6　7　괴롭다
(3) 쓸모없다　　　　1　2　3　4　5　6　7　귀중하다
(4) 친구와 잘 지낸다　1　2　3　4　5　6　7　외롭다
(5) 알차다　　　　　1　2　3　4　5　6　7　알맹이가 없다

⋮

(10) 여러분은 전체적으로 자신의 삶이 얼마나 만족스럽거나 불
　　 만족스럽습니까?
　　 매우 불만족스럽다　1 2 3 4 5 6 7　매우 만족스럽다

참고로 약물남용 선별검사와 청소년 약물중독 선별검사의 일
부는 다음과 같다.

약물남용 선별검사(Drug Abuse Screening Test)

다음 질문은 약물남용과 관련된 정보들이다. 약물남용이란
(1) 처방된 또는 약국 약품을 과도하게 사용하거나 (2) 약물을
의료 이외의 목적으로 사용하는 경우를 말한다. 각 문장을 주의
깊게 읽고 예, 아니오에 동그라미를 표시하시오.

예 아니오   1. 치료를 위한 것이 아닌 다른 목적으로 약물을
             사용한 적이 있습니까?
예 아니오   2. 처방된 약물을 남용한 적이 있습니까?
예 아니오   3. 한 번에 여러 종류의 약물을 남용한 적이 있
             습니까?
예 아니오   4. 약물을 사용하지 않고 일주일을 보낸 적이 있
             습니까?(치료목적이 아닌)
예 아니오   5. 마음만 먹으면 언제든지 약물 사용을 중단할
             수 있습니까?

                         ⋮

예 아니오   28. 약물남용 문제로 외래에서 치료를 받은 적이
             있습니까?

                              (김창윤, 2001에서 인용)

청소년 약물중독 선별검사

자녀 중에 술, 담배, 약물 등의 문제가 있다고 생각될 때 다음 문항을 검사해보십시오. 도움이 될 것입니다.

그렇지 않다(0점)	애매하게 그렇다(1/2점)	그렇다(1점)
1	2	3

1. 약물을 조절해서 사용하려 하지만 잘 안 된다.   1   2   3
2. 예전보다 약물의 사용량이 많이 늘어났다.   1   2   3
3. 주변에서 약을 끊으라고 하지만, 그 말이 마음   1   2   3
   에 잘 와닿지 않고 반발심만 생기며, 마음 속
   에서도 약 생각이 잘 지워지지 않고 약 생각
   이 자주 떠오른다.
4. 약물을 하고 싶은 충동이 일어나면 거의 참을   1   2   3
   수가 없다.
5. 약물을 일단 사용하기 시작하면 계속적으로   1   2   3
   하게 된다.

⋮

12. 약물로 인해 가정에 문제가 일어나고 있으며   1   2   3
    내가 나가거나(가출) 가족들이 나보고 나가
    라고 한다(위협이나 내쫓음).

(성상경, 2001에서 인용)

7. 마약류 중독자를 위한 상담

국내의 마약류 중독자들은 자진하여 상담을 받고자 하는 경우
가 드물고 대부분은 법적인 문제와 연관되어서 처음으로 상담자
를 만나게 된다. 그렇기 때문에 마약류 중독과 관련된 성격을
변화시키려는 데 목적을 두기보다는 자존감을 향상시켜서 상담
에 대한 동기나 변화를 추구하려는 데 일차적 목적을 두는 것이
좋다.

효과적인 상담이 되기 위해서는 내담자가 상담받아야 할 필요
성을 인정하고 서로를 이해하고 관계를 설정하는 것이 매우 중
요하다. 그러기 위해서는 내담자와 동맹하는 상담자의 자질이
중요하다. 상담자는 내담자가 마약류 중독에 이르게 된 여러 요
인과 동기를 알아보면서 융통성 있게 상담기법을 활용해야 한
다. 마약을 하려는 동기를 먼저 잘 이해하고 단약하려는 동기를
가지도록 하는 것이 상담에서 가장 중요한 문제이며 상담자의
역할이다. 상담자는 중독자의 부인(denial)이나 양가감정, 저항,
마지못함이나 두려움 등을 극복할 수 있도록 도와주어야 한다.
한계를 설정하고 건설적인 피드백을 통해 동기를 향상시켜야 하
며 때로는 동료 중독자로부터 피드백을 통하여 도움을 얻도록
해야 한다(권도훈, 2001).

마약류 중독자의 일부는 반사회적 성격장애를 같이 가지고 있
어 자신들이 변화하기를 바라는 상담자의 소망을 따르지 않고
교묘하게 방해하는 것을 통해 기쁨을 맛보는 경향이 있으며, 거
짓말을 하고 가학적인 면에 쾌감을 느끼고 뉘우침이 없고 정서

적 애착이 결여되어 있다. 이런 사람들은 상담자를 속일 때마다 강력한 즐거움이나 쾌감을 느낀다. 상담자의 긍정적 성품에 대한 무의식적 질투심이 이런 반복적 기만을 일으킬 수 있다. 반사회적 성격장애를 가지고 있는 사람을 상담하고 있는 상담자는 자신의 행동을 부인하면서 자기가 한 행동에 대한 의미를 최소화시키고, 모든 문제를 다른 사람이나 외부적인 데에 돌려서 합리화하려는 내담자의 시도에 끊임없이 직면하게 된다.

상담자는 안정되고 일관성을 가져야 하며 중독자의 말이나 행동에 휘말리지 않아야 한다. 마약류 중독자에 대한 상담에 있어서도 일반적인 상담과 마찬가지로 초기에는 인간중심적인 접근으로 시작하는 것이 적당하다. 마약류 중독자의 말을 진지하게 경청하고 공감하고 존중해주는 것이 필요하다.

치료교육활동도 설교식으로 교재를 중심으로 강의하기보다는 내용에 대한 토론을 조장하는 식으로 진행하는 것이 효과적이다. 상담자는 각 내담자들이 교육의 주제와 자신의 개인적 상황을 연결시킬 수 있도록 도와주어야 한다.

상담은 어떤 이론이나 기법을 사용하는 것이 중요한 것이 아니라 그 내담자의 특성이나 상황 그리고 문제에 맞추어 시행되어야 한다. 마약류 중독자를 위한 효과적인 집단상담프로그램을 개발하기 위해서는 마약류 중독자집단이 가지고 있는 특성을 고려하는 것이 중요하다. 마약류 중독자의 특성을 고려하지 않게 되면 프로그램의 효과가 거의 없을 뿐 아니라 프로그램을 시행하기도 어렵다.

부록 2에는 전문치료기관인 국립부곡병원 부설 마약류 진료소에서 시행되고 있는 프로그램내용이 간단히 소개되어 있다. 정신과 전문의를 중심으로 하여 임상심리사, 사회복지사, 간호사, 작업치료사 등의 치료팀이 중독자에 대한 재발방지교육, 약물중독교육, 자기사랑하기 집단상담, 개인상담, 일상생활훈련, 명상, 요가, 미술치료, 체육활동 등의 다양한 프로그램을 시행하고 있으며 내담자의 적극적인 참여를 유도하고 있다.

마약류 중독자들은 기분이 우울하고 자존감이 낮으며 상담이나 치료 프로그램에 대하여 주의집중을 잘 하지 못하고 비협조적이다. 그러므로 자아존중감을 심어주어 상담에 대한 동기를 불어넣는 것이 우선되어야 한다(박상규, 2002a).

단약을 위해서는 중독자들 스스로가 변화하겠다는 마음가짐을 갖도록 하는 것이 우선적이다. 자신을 믿게 되면 마약과 같은 외부적 · 물질적 대상에서 만족을 찾고 의존하던 것에서 벗어나 내적으로 잠재된 귀중한 것들을 바라보고 사랑할 수 있게 된다.

1) 상담의 대표적 이론

마약류 중독자를 위한 상담에는 인지행동적 상담, 자존감 향상 프로그램, 사회기술훈련 프로그램 등이 있다. 일반적으로 필로폰이나 코카인, 헤로인 등의 중독자에게는 인지행동적 상담이 효과적이라는 연구결과가 많다. 그러나 마약류 중독자가 자발적으로 상담받으러 오는 경우가 드물기 때문에 마약류 중독자들이 치료를 받고 싶어하는 동기를 불어넣을 수 있도록 하는 것이 보다 바람직하다.

(1) Rogers의 인본주의적 상담

인본주의적 상담에서는 인간 본성에 대한 긍정적인 신뢰감을 가지고 있다. 개인은 성장하려는 경향과 자기를 실현하고자 하는 성향을 타고났다고 본다. 그래서 상담자는 내담자의 문제보다는 내담자 자체에 초점을 두고 상담한다. 상담자가 내담자를 이해하고 공감함으로써 내담자가 가지고 있는 잠재력으로 자신을 성장시켜 나가는 것이다. 알코올이나 마약류 중독자의 경우에도 하나의 인간에 초점을 두고 상담을 한다. 상담자는 내담자의 이야기를 들을 때, 나름대로 비판하거나 분석하지 않는다. 단지 내담자의 감정을 이해하고 내담자가 자신의 감정을 충분히 경험하고 좀더 명료화하도록 도와준다.

인본주의적 상담에서 내담자가 변화되기 위해서는 무엇보다도 상담자가 내담자를 대하는 태도나 방식이 중요하다고 본다. Rogers는 상담자의 다음과 같은 태도가 특히 중요하다고 보았다.

① 일치성 또는 진솔성(genuiness, congruence)

상담하는 동안에 내담자뿐만 아니라 상담자 스스로에게도 진실해야 한다. 내적으로 경험한 것과 외적으로 표현한 것이 일치되고 거짓된 반응이 없어야 한다. 상담자는 내담자와의 관계에서 나타난 자신의 느낌이나 생각 등을 있는 그대로 표현한다.

② 무조건적인 긍정적 존중 또는 수용
(nonpossessive warmth, unconditional positive regard)

인간적으로 깊이 있고 진지하게 대해야 한다. "좋다" "나쁘다"라는 식으로 내담자의 감정, 사고, 행동 등을 판단하지 않는

다. 내담자를 조건 없이 존중하고 수용해야 한다. 하나의 인간
으로 있는 그대로 받아들이고 존중하는 것이 중요하다.

③ 정확한 공감(共感; empathy)

공감은 상대방의 내적 세계를 깊이 있고 주관적으로 이해하는
것이다. 상담자는 특히 지금 여기에서의 내담자의 감정을 놓치
지 않고 이해하려고 노력해야 한다.

상담자는 내담자에게 하나의 거울로서의 역할을 해야 한다.
거울은 내담자를 있는 그대로 반영하면 되는 것이다.

상담자는 내담자 속에 숨겨진 감정과 말하고자 하는 비에 정
확하게, 민감하게, 그리고 공감적으로 반응하는 것이 중요하다
(김기석, 1982).

(2) 인지행동적 상담

① 인지행동적 상담의 기본적 입장

사람은 자신의 마음가짐을 어떻게 하는가에 따라서 행복할 수
도 있고 고통스러울 수도 있다. 기쁘고 슬픈 감정도 내가 어떻
게 생각하느냐 하는 마음가짐에 의해서 결정되는 것이다.

사람은 잘못된 생각이나 어리석은 생각을 하지 않고, 사실을
과장하거나 축소하지 않을 때 평온해지고 행복해진다. 사실을
있는 그대로 받아들이지 못하게 되면 불안해지거나 우울해지며
알코올이나 마약에 빠질 수도 있다.

대부분의 사람들은 어떤 상황에서 일어나는 자극을 있는 그대
로 받아들이지 못하고 자기의 관점이나 기대 혹은 생각에 따라
서 다르게 해석하고 있다. 어떤 관점이나 생각은 자신이 살아온

과거의 경험에 영향을 받는다. 어렸을 때 경험한 사건이 현재 지금 그 사람이 사고하는 방식에 영향을 끼치기 때문이다.

인지행동적 상담에서는 마음의 고통이나 부적응의 원인이 많은 부분에 있어서 잘못되고 부적절하며 어리석은 생각 때문이라고 본다. 즉, 어떤 사람이 처해 있는 상황 자체가 사람을 우울하고 슬프게 만드는 것이 아니라 그 상황을 잘못 생각하고 해석하기 때문에 불행해 진다는 것이다. 상황을 어떻게 보고 해석하는지에 따라 슬프고 고통스러울 수도 있고 기쁘고 행복할 수도 있다.

이런 이야기가 전해지고 있다. 옛날에 나막신을 파는 아들과 짚신을 파는 아들을 둔 할머니가 있었다. 그 할머니는 비가 오는 날이면 짚신을 파는 아들이 비 때문에 장사를 망칠까 걱정하고, 화창한 날이면 나막신을 파는 아들이 장사가 잘 되지 않을 것이라 걱정하였다. 이런 사실을 안 누군가가 할머니에게 말하기를 "비오는 날에는 나막신을 파는 아들이 돈을 잘 벌 것이라 생각하고 개인 날에는 짚신 파는 아들이 돈을 많이 벌게 될 것이라고 생각을 바꾸면 어떻습니까"라고 하였다.

또 다른 이야기는 신라시대 때 원효대사가 당나라로 건너갈 무렵의 이야기이다. 당나라로 가던 원효대사 일행은 국경선 근처에서 하룻밤 동굴에서 묵게 되었다. 잠을 자다 갈증을 느끼고 깨어서 찾아 마신 물이 너무나 달콤하고 맛이 있었다. 다음 날 아침에 어젯밤에 마신 물이 생각나서 그 물을 찾았더니 그 물은 사람의 해골 안에 고여 있던 물이라는 것을 알고 심한 충격을 받았다. 그곳에서 원효대사는 모든 것이 마음먹기에 달려 있다는 것을 알고 당나라 유학을 포기하였다고 한다. 이와 마찬가지로 인지행동적 상담은 자기 자신과 세상에 대한 생각이나 기대를 바꿈으로써 부적응적인 행동이나 심리적 고통을 줄인다는 것이다. 자기와 타인 그리고 세상에 대한 올바른 통찰을 얻음으로써 마음의 평화를 얻고 자유로워진다.

인지행동적 상담에서는 특정상황에서 어떻게 느끼고 무엇을 하는지는 내담자의 기본적 신념체계와 생각하는 방식에 밀접하게 관련되어 있다고 본다. 필로폰 중독자가 죄책감을 가지고 갈등하면서 필로폰 주사를 맞게 될 경우와 죄책감 없이 즐기기 위해서 주사를 받게 될 경우와는 약물에 대한 반응이 다를 것이다. 죄책감을 가지고 약을 하게 될 경우에는 쾌감이나 즐거움 대신에 머리가 아프고 고통스러울 수가 있다. 약물자체보다도 약물에 대해서 내가 생각하는 것이 정서와 신체에 영향을 미칠 수 있기 때문이다.

마약류 중독자를 위한 인지행동적 상담에서는 마약류 중독자들이 단약하려는 동기를 가지게 하며 마약의 유혹받을 때 대응하는 기술이나 대인관계기술을 알게 한다. 그리고 현실에서 잘 생활하도록 하는 종합적인 방법을 사용한다. 인지행동적 상담은 습관화된 부적응적인 행동양식인 중독행동에 따른 사고행동을 수정하는 것으로써, 자신의 사고와 일상생활을 자세하게 분석해서 마약류에 대한 자신의 잘못된 사고행동을 수정하고 이에 대한 대처기술을 기르는 것을 말한다.

마약류 중독자들은 중독으로 인한 손실을 최소화시키며 마약으로 인한 이익을 최대화시키는 인지적 왜곡을 하고 있다. 마약류 중독자들이 마약을 하게 되는 이유 중의 하나가 마약을 하는 것이 하지 않는 것보다 훨씬 낫다는 생각에서 약을 하게 된다.

그러므로 인지행동적 상담에서는 중독자로 하여금 사실을 있는 그대로 파악할 수 있게 하여, 마약을 하는 것이 마약을 하지 않는 것보다 훨씬 더 고통이 많다는 것을 알도록 하는 데 있다. 마약을 함으로써 자신의 신체적, 정신적인 손상이나 가족의 붕괴 등 고통스러운 사실을 바로 알도록 해야 한다.

인지행동적 상담에서는 사고과정에 초점을 둔다. 〈그림 4〉를 보면, "자신이 무력하다"는 기본적인 신념을 가진 마약류 중독자가 경제적으로 스트레스를 받는 상황에 있게 되면 "자신이 이 환경에서 도망가야 한다"는 생각이 자동적으로 떠오르게 된다. 그런 자동적 사고는 정서적으로 슬픔과 좌절감을 느끼게 하며 약을 갈망하게 만드는 것이다. 그래서 상담자는 먼저 내담자의 기본적인 신념체계들을 지지하거나 논박하는 증거를 찾아야 한다. 적응에 어려움이 있는 사람들인 경우에는 실제의 증거도 없

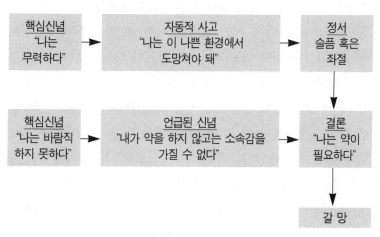

〈그림 4〉 복합신념의 상호작용
Beck, Wright, Newman, & Liese(1993)

이 결론을 내리는 임의적 추론을 하거나 하나의 단순한 사건을 비슷한 다른 사건이나 상황에까지 부적당하게 적용하는 과잉일반화, 자기와 아무 관련이 없는 외적인 사건을 자신과 연관시키는 개인화, 그리고 전부 아니면 전무로 생각하는 극단적인 생각을 하는 등의 특징이 있다.

상담자의 역할은 내담자가 가지고 있는 이러한 왜곡되고 비합리적인 생각을 합리적으로 바꾸도록 유도하는 것이다. 특히 Beck은 어린 시절의 경험에서 역기능적인 가정이나 도식이 생기고, 이것이 잘못된 행동과 부정적 정서를 일으키는 뿌리가 된다고 보고 있다. 그러나 과거에 자신에게 중요한 사람들이 내담자의 현재 생활 양식이나 사고체계 혹은 사고의 틀에 영향을 주었지만, 그런 왜곡된 사고의 틀을 사용하거나 자동적 사고를 하는 것은 본인의 책임이라는 것을 알게 해야 한다(최영희, 이정흠, 1997). 그래서 상담자는 내담자의 생각가운데서 왜곡된 부분을 찾아내어 고치도록 돕고 좀더 현실적으로 생활에 잘 적응하도록 도움을 준다. 만약에 어떤 사람이 어릴 적 학교공부를 열심히 하지 않고 친구들과 어울려 다녀서 성적이 떨어지고 아버지로부터 꾸지람을 들으며 무시당하고 자랐다고 하자. 그렇게 되면 그 사람은 어렸을 때의 경험으로 인하여 자신이 무능하고 인정받을 수 없다는 생각을 하고 열등감을 가지게 된다. 그러다가 성인이 되어 어떤 사업을 하기 위해서 부모님으로부터 경제적 지원을 요구했을 때 거절당하였다고 하자. 그러면 그 사람은 "나는 역시 무능하다" "술이나 마약을 한다고 내가 더 나빠지지 않아" "술이나 마약을 하지 않는다고 인정받는 것도 아니야" "술이나 마약만이 나를 위로할 수가 있어"와 같은 생각을 하게 되며 우

울한 기분에 빠지고 술이나 알코올을 다시 하게 되는 경향이 있
다(〈그림 5〉).

　인지행동적 상담에서 가장 중요한 요소 중의 하나는 내담자로
하여금 어떤 상황에서 순간적으로 떠오르는 생각이 무엇인지를
알게 하고 이러한 생각은 자기가 평소에 가지고 있는 생각이나
기대, 가정, 원칙 등에 의해서 달라진다는 것을 깨닫게 하는 것
이다.

　마약류 중독자들의 경우에, 마약류를 사용하기 전이나 후의
중독자의 생각이나 감정, 환경을 알아보는 데, 중요한 것은 마약

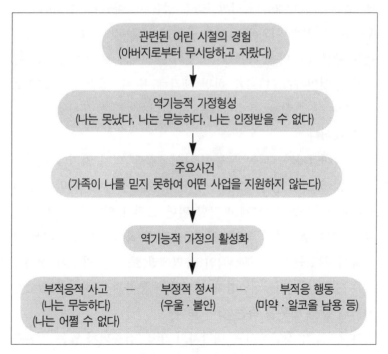

〈그림 5〉 인지적 과정

류를 사용할 당시의 중독자의 생각이다(Carroll, 1998). 마약류를 하는 것이 자기에게 즐거움을 주고 고통을 피할 수 있을 것이라는 기대를 하게 된다.

인지행동적 상담에서는 내담자의 잘못된 생각을 바로 잡기 위해서 소크라테스식 문답법이나 불교적인 수행방법을 사용하기도 한다. 예를 들어 어떤 내담자가 "나는 내 주위에 있는 중요한 모든 사람에게 무시당하였음이 틀림없다"라고 말하면 상담자는 "당신이 무시당하였다는 것을 도대체 어떻게 확인할 수 있습니까?" "당신 주변의 모든 사람들에게 굳이 다 인정을 받아야만 하는 이유가 무엇입니까?" "당신은 왜 남으로부터 인정받는 데 그렇게 집착해야 합니까?"라고 묻는다. 마약류 중독자의 경우에는 "마약류 이외에 당신을 즐겁게 해줄 것이 그렇게 없습니까? "당신이 마약을 하게 되는 것이 당신에게 손실이 없다는 근거가 무엇인가?" "다르게 한번 생각해 볼 수 없습니까? 그리고 "인생은 꼭 그렇게 즐겨야 되는 것입니까? 등을 물어보는 것도 좋을 것이다.

또한 내담자가 "나는 무능력하다" "술을 먹지 않거나 마약을 하지 않아도 내 인생이 더 나아질 것이 없어"와 같은 말을 하게 될 때 상담자는 "그렇게 생각할 만한 근거가 있나?" "어떤 근거로 그렇게 생각하게 되었나?" "단순하게 흑백논리로 사건을 판단하지 않았는가?" "부정적인 측면에만 초점을 맞추어 결론에 이른 것은 아닌가?" "느낌과 사실을 구분하지 못하지는 않았는가?"와 같은 질문을 하는 것이 좋다.

인지행동적 상담에서는 내담자의 몇몇 검증되지 않는 결론과 잘못된 신념체계가 어떻게 내담자의 개인적인 문제를 초래하는

지 생각하고 기록하게 하며 과제를 내주는 것이 유용하다(채규만, 2002).

또 다른 방법으로는 대차대조 비교법을 사용한다. 알코올 중독자의 경우 술을 마심으로써 자신에게 도움이 되는 것이 무엇인지를 알아보게 한다. 그리고 술을 마시게 될 때 손해가 되는 것이 무엇인지 알아보게 한다. 다음에는 술을 마시지 않을 때 자신에게 이익이 되는 점, 손해가 되는 점을 살펴보도록 하여 자신에게 진정으로 도움되는 것이 무엇인지를 깨닫게 한다. 마약을 절제하기 위한 동기를 가지게 하기 위해서는 마약류 사용을 통해서 얻거나 잃게 되는 것을 자세히 알아보게 하여 잃는 것, 고통스러운 것이 훨씬 많다는 것을 스스로 깨닫게 한다(Carroll, 1992).

Ellis의 인지행동적 상담에서는 어떤 마약류 환자가 아버지로부터 인정을 못 받기 때문에 우울해하고 그것으로 약을 찾는다고 할 경우에 상담자는 "성인이 된 사람이 꼭 아버지로부터 인정을 받아야 합니까?", "당신은 다른 사람으로부터 인정받는 것에 너무 집착하지 않습니까?"와 같은 질문을 하여 자신이 비합리적인 생각을 하고 있다는 것을 자각하게 한다. 내담자는 자신의 생각이 잘못되었음을 인식하게 되어 그로부터 부정적 감정과 자기파괴적 행동을 하지 않게 된다.

② 사회기술훈련

대인관계를 잘 하기 위해서는 사회기술이 필요하다. 마약류 중독자들은 원만한 사회생활을 잘 하지 못하기 때문에 스트레스를 받게 되어 재발하거나 혹은 마약을 거절하지 못하여 계속 중독상태에 머무르는 수가 있다. 그렇기 때문에 중독으로부터 회복되기 위해서는 적절하게 대인관계를 할 수 있는 기술이나 약의 유혹으로부터 벗어나는 기술을 배우는 것이 중요하다.

대인관계를 잘 하기 위해서는 자신을 믿는 것이 중요하다. 과거에 나름대로 대인관계를 잘 해온 것을 생각하고 자신감을 가져야 한다. 상대방과 대화를 잘 하기 위해서는 먼저 상대방의 입장을 생각해서 대화하는 것이 중요하다. 상대방이 무엇을 바라고 있는지 등을 알아보고 자신의 대화가 상황과 상대방에 맞게 잘 진행되고 있는지를 살펴가면서 대화를 하는 것이 중요하다(박상규, 손명자, 2000).

마약류 중독자가 단약하기 위해서는 약물을 접할 수 있는 상황을 아예 피해버리는 것이 좋으나 부득이 할 경우에는 효과적으로 마약을 거절하는 기술을 배울 필요가 있다.

한편으로 단약하고자 할 때 도움이 되는 사람이 누구인가를 알아보고 어떻게 도움을 청해야 되는지와 같은 기술도 배울 필요가 있다. 사회기술훈련을 진행할 때는 비디오를 통한 역할연기의 방법을 사용하는 것도 효과적이다. 마약류 중독자에게 필요한 대표적인 사회기술내용들을 설명하면 다음과 같다.

- 자신의 감정표현하기

자신의 감정이 어떠한지를 먼저 알아보아야 한다. 자신의 감정이 좋은지, 나쁜지를 안 다음에 이를 적절하게 표현하는 것이 좋다. 그럴 때 상대방의 입장이나 상황을 고려해서 표현하는 것이 중요하다. 감정표현은 긍정적 감정표현하기와 부정적 감정표현하기가 있다.

■ 긍정적 감정표현하기

상대방을 칭찬하고 감사를 표하는 것과 같은 긍정적인 감정표현은 상대방에게 호감을 주게 되며 서로의 관계가 친밀해지도록 만드는 계기가 된다. 칭찬과 감사를 표현할 때 상대를 쳐다보며, 밝은 얼굴표정과 목소리, 자연스러운 태도 등의 비언어적 행동을 함께 사용하는 것이 필요하다.

- 긍정적 감정표현하기 기술 단계 -

- 상대방을 바라본다.
- 상대방의 어떤 점(옷, 취미, 특별한 행동)이 마음에 들었는지 칭찬한다.
- 상대방에게 감사를 표시한다(상대를 바라보고 미소를 짓고 다정한 목소리로).
- 그것으로 해서 당신의 기분이 좋아졌다는 것을 말한다.
- 상대가 경청하고 있으면 대화를 계속한다.

■ 부정적 감정표현하기

상대방에게 부정적 감정을 잘 표현하는 것 또한 원만한 사회생활을 위해서 매우 중요하다. 상대방의 자존심을 상하게 하거나 권리를 침해하지 않는 범위에서 자신의 감정을 잘 표현하는 것이 중요하다.

- 부정적 감정표현하기 기술 단계 -

- 상대를 바라본다. 침착하고 확고하게 말한다.
- 특별히 무엇이 당신을 기분 나쁘고 화나게 만들었는지에 대해 간단하게 말한다.
- 당신의 화난 감정을 간단하게 표현하면서 비언어적 행동

을 적절하게 사용한다(상대방을 바라보면서 단호한 태도와 분명하고 충분히 들을 수 있는 목소리를 내며 진지한 표정을 짓는다).

- 앞으로는 이러한 일이 일어나지 않도록 조심해달라고 부탁한다.

† 거절하기

마약류를 거절할 때의 핵심은 자신감을 가지고 확고한 목소리로 "안돼"라고 말하는 것이 중요하다. 가능한 한 그 사람으로부터 빨리 벗어나도록 한다(한광수, 1999).

■ 거절하기 기술 단계

- 상대방을 쳐다보고 분명하고 확고하게 말한다.
- 상대방이 요구한 것을 해줄 수 없다고 말한다.
- "미안하지만 나는 당신의 _____를 해줄 수가 없다"
- 그래도 상대방이 받아들이지 않으면 좀더 강력하게 거절하며 "안돼, 더 이상 계속하지 마"라고 말한다.

③ 문제해결훈련

문제는 우리가 바라는 것과 현실과의 차이라 할 수 있다. 내가 바라는 것과 현실과의 거리가 멀수록 나에게는 문제가 많은 것이다.

문제를 해결하기 위해서 먼저 문제가 있다는 것을 인식하는 것이 중요하다. 우리에게 문제가 없는가를 항상 살펴보아야 한다. 문제를 해결하기 위해서는 즉흥적이며 충동적으로 평소에 자주 사용하던 방법으로 문제를 해결해서는 안 된다.

– 문제해결단계

문제해결과정에는 여러 단계가 요구된다. 문제해결 과정에는 주로 5단계와 7단계가 사용되고 있다. 기본적인 5단계에서의 방법은 다음과 같다.

■ 1단계 : 문제의 확인

문제해결단계에서 제일 중요한 단계이다. 문제가 있다는 것을 알아야 해결하려고 노력할 것이기 때문이다. 어떤 일이나 장면을 있는 그대로 받아들이고 넘겨버리기보다는 "문제는 없는가" "더 낫게 할 수 없는가"라는 문제를 제기하는 태도를 가지는 것이 중요하다.

■ 2단계 : 문제의 정의

제기된 문제를 어떤 내용으로 이해할 것인지를 말한다. 문제의 원인을 찾거나 상황분석을 하여 문제를 진단하는 것이다. 문제가 있음을 확인했으면 해결방법을 이해할 수 있을 만큼 충분히 이해하여야 한다.

■ 3단계 : 대안의 탐색

문제를 해결하기 위한 여러 가지의 대안들을 찾아보고 탐색하는 단계이다. 대안들을 탐색할 때는 생각나는 대로 많은 해결방법을 찾아보는 것이 중요하다.

■ 4단계 : 계획의 실행

생각해낸 대안들 중에서 가장 현실적이며 최선의 것을 선택하여 실제로 적용해보는 것이다. 실행 도중에 잘못된 것은 수정하고 보완한다. 마약류 중독자 및 알코올 중독자들의 경우에는 장기적으로 도움이 되는 내용들을 선택하여 실행해보는 데 초점을 맞추는 것이 중요하다.

■ 5단계 : 효과의 확인

생각해낸 계획을 수행해보았다면 얻게 되는 효과를 확인하고 분석해야 할 것이다. 문제가 성공적으로 해결되었으면, 여기에서 해결과정은 종료될 것이다. 그러나 결과가 불만족스럽거나 실패하면, 문제의 확인, 문제의 정의, 대안의 탐색 또는 이들 단계들의 조합으로 되돌아가서 문제해결과정은 계속되어야 한다 (김영채, 1995; 김영채, 1999; 어선선 2001).

† 문제를 잘 해결하려면

문제를 잘 해결하기 위해서는 문제를 다른 관점에서 살펴보고, 전체적으로 보고, 융통성을 가지는 것이 좋다. 자기 이외의 사람이 보게 하고 문제를 역전이해보고 문제의 영역을 바꾸어도 보고 문제의 초점을 지금 보고 있는 부분에서 다른 곳으로 옮겨도 본다. 문제의 전제를 의심하는 것도 한 방법이다(어선선, 2001; 이희구, 1994).

(3) 정신역동적 상담

정신역동적 상담의 목표는 무의식적 내용을 의식화함으로써 더 이상 무의식의 지배를 받지 않도록 하는 것이다. 먼저 내담자의 마음 속에 깔려 있는 콤플렉스를 알아야 한다. 내담자의 마음 속에 있는 해결되지 못하고 무의식화되어 있는 감정이나 핵심 동기를 이해하여 해결하도록 하는 것이다. 마약류 및 알코올 중독의 원인과 관련된 감정이나 자기애적인 장애, 대상관계

등에서의 장애를 알아보고 물질에 의존하지 않고 일상생활에서
자기를 잘 돌보고 적응해가도록 도와주어야 한다.

(4) 현실요법적 상담

현실요법적 상담에서는 삶에 있어 개인의 통제력과 책임을 강
조한다. 자신의 행동은 자기가 선택했기 때문에 그 책임도 전적
으로 자기에게 있다고 본다. 현실요법적 상담은 마약류 중독행
동을 자신이 고통을 피하고 쾌락을 얻기 위하여 선택한 행동으
로 본다(김인자, 2001).

현실요법적 상담은 내담자가 현실에 적응해나가는 과정에서
원하는 만큼의 만족감을 얻지 못하는 경우 보다 만족스럽고 책
임 있는 행동을 선택하고 실행할 수 있도록 도와주는 치료방법
이다.

현실요법적 상담에서는 인간이 기본적으로 다섯 가지의 욕구
를 가지고 있으며 인간의 행동은 이 욕구를 따라 움직인다고 본
다. 인간의 기본적인 욕구는 신뇌(新腦)에 자리한 네 개의 심리
적이고 정신적 욕구 즉, 소속욕구, 힘에 대한 욕구, 자유에 대한
욕구, 즐기고 싶은 욕구와 구뇌(舊腦)에 자리한 생존에 대한 욕
구 등이 있다. 인간은 이 다섯 가지 기본욕구에 의해 끊임없이
행동한다. 인간은 매 순간마다 자신이 최선이라고 판단되는(정
확한지, 아닌지 간에) 즉, 자기 나름대로 창의적 방법을 찾아 자신
의 개인적 욕구를 충족시킨다(김인자, 1994).

마약류 중독자들 또한 다섯 가지의 기본적 욕구를 가지고 있
지만 이러한 욕구를 충족시키는 방법은 다르다.

만약 어떤 사람이 술이나 마약을 통해서 만족감을 느끼고 술

이나 마약에 대해 긍정적인 느낌을 가지게 되면 술이나 마약은 그 사람에게 즐거움을 주는, 욕구충족의 방법으로 머릿속에 사진첩으로 남게 된다. 이러한 사진첩으로 인하여 술이나 마약을 통해 즐거움을 추구하려고 한다. 마약류 중독자들이 가지고 있는 사진은 이들이 마약류 중독자가 되기 전의 사진과는 다르다. 상담자는 내담자가 마약 이외에 자신들의 욕구를 만족시켜 주었던 사진들을 생각해나게 하거나 새로운 사진들을 만들어나가도록 도와주어야 한다. 마약 이외에 자신의 욕구를 충족시켜 주었던 새로운 사진들을 찾아보게 하는 것이 단약에 도움을 줄 것이다.

사람들은 머릿속의 사진들(원하는 것)과 현실 세계(현재 가지고 있는 것)의 간격을 느낄 때 좌절감이 생긴다. 현실에서 일어나는 문제를 해결하지 못하면 좌절감이 생기게 되며 그때 긍정적이든 부정적이든 어떤 행동을 하게 된다는 것이다. 그럴 경우 마약류 중독자들은 술이나 마약을 선택한다. 부정적 감정이 다른 사람으로부터 비롯되더라도 최종적으로 부정적 감정을 가지든 가지지 않든 간에 그것은 자신만이 선택할 수 있다. 그러므로 최종의 책임은 본인에게 있다. "아내의 실망스러운 태도 때문에 끊었던 마약을 다시 하게 되었다"고 말하더라도 궁극적으로 마약을 하기로 선택한 것은 자신이라는 것을 바로 인식하게 해야 한다. 그리고 단약을 선택하느냐 하지 않느냐 하는 것도 자신에게 달려 있으며 행동을 변화시킬 수 있는 방법도 자신에게 있다는 것을 알고 방법을 찾도록 한다.

중독자가 그들의 행동을 변화시킬 수 있는 가능하고 바람직한 방법이 있음을 느끼기 시작할 때 상담자는 비로소 중독자가 좀더 책임 있는 행동을 계획하고 그 행동을 밀고 나갈 수 있도록 도와줄 수 있다.

현실요법에서 상담자는 행동변화를 위하여 다음과 같은 상담의 과정을 거친다. 그러나 상담과정의 순서는 반드시 일정하게 지킬 필요는 없다.

먼저 중독자가 "무엇을 원하는지, 진정으로 원하는 것이 무엇인지"를 물어본다. 그리고 자신은 "지금 무슨 행동을 하고 있는지"를 살펴보게 한다. 그리고 자신의 "지금 행동이 자신이 원하는 것을 얻는 데 정말 도움이 되는지"를 평가한다. 다음에는 자신이 원하는 욕구를 충족시켜줄 수 있는 현실적이며 실현가능한 계획을 짜도록 하는 과정을 가진다. 요약하면 현실요법적 상담은 실현가능한 구체적인 계획을 세우고 이를 일상생활에 어떻게 적용할 것인가를 논의하는 과정을 밟는다. 먼저 변화하고 싶은 것이 무엇인지를 아는 것이다. 다음은 이런 변화를 어떻게 일으킬 것인가를 알아본다. 그리고 행동치료전략을 개발하고 반복적으로 평가하는 과정을 통해서 가장 현실적인 대안을 찾아나간다 (김인자, 1994; 김인자, 2001).

2) 자기사랑지향적 상담

자기사랑을 강조한 상담을 편의상 자기사랑지향적 상담으로 부르기로 한다. 자기사랑지향적 상담에는 동양적 인본주의적 이론, 인지행동적 이론 및 현실요법적 이론을 절충하여 자기를 바로 이해하여 자기를 사랑하도록 하는 데 초점을 두었다(박상규, 2002a).

자기사랑지향적 상담에서는 인간에 대한 잠재성과 성장성을 믿는다. 인간은 무한히 성장할 수 있으며 발전될 수 있다는 것이다. 우리에게는 부처의 품성이 있고 하느님의 신비를 가지고 있다. 단지 자신이 가지고 있는 무한한 잠재력이나 성장력을 깨닫지 못하기 때문에 변화가 없는 것이다. 자기사랑지향적 상담에서는 인간성에 대한 신뢰와 희망을 가진다.

자기사랑지향적 상담에서는 자신이 올바르게 생각함으로써 좀 더 적응적 삶을 살 수가 있다고 본다. 그래서 자신에게 도움이 되는 생각, 사실에 근거한 생각을 가지도록 한다. 자기사랑을 위해서는 현실을 있는 그대로 보아야 한다. 대부분의 사람들은 현실을 있는 그대로 보기보다는 자기가 살아오면서 경험한 습관이나 생각의 틀을 통해서 보고 자신이 원하는 방향으로 바라보게 되며 그러한 과정에서 내적인 것과 현실과의 차이를 느낄 때 좌절감이나 실망감을 가지게 된다. 자기사랑을 위해서는 자기 기대나 어떤 관점으로 현실을 보는 것이 아닌 지금 여기에서 있는 그대로의 현실을 보는 것이다. 자기 자신을 있는 그대로 보고, 타인을 있는 그대로 보고, 세상을 있는 그대로 본다. 그러기 위해서는 보여지는 자기가 아닌 진정한 자기의 눈으로 보아야 한다. 우리가 자기라고 생각하는, 보여지고 있는 자기는 학습과 경험의 산물이 투영된 것이다.

자기사랑지향적 상담에서는 자신을 사랑하기 위해서는 매사에 책임감을 가지고 행동해야 함을 강조한다. 자기의 마음먹기에 따라서 자기의 인생이 달라진다. 또한 참나를 지탱해주는 자신의 신체를 돌보고, 자기가 원하는 것을 충족시키고, 인생의 의미를 가지게 하는 것 등을 강조하고 있다.

자기사랑지향적 상담에서는 동양적 심리학이나 기독교적인 영성도 많이 포함하고 있다. 외부상황과 내부적 욕구를 조절하는 것은 프로이트 식으로 말하면 자아의 기능인데, 동양에서의 참나는 이런 자아와 구별되며 더욱 심오하고 깊은 것으로 보고 있다. 어떤 사람의 생각이나 감정, 그리고 행동과 참나는 구별된다고 본다. 참나는 우리가 자기라고 생각하는 통합된 부분을 바라보고 있는 관찰자적인 자기와 가깝다. 보여지는 자신의 행동과 참나를 동일시해서는 안 된다. 마약류 중독자의 경우에도 진정한 자기인 참나와 마약류 중독자를 동일시해서는 안 된다는 것을 알아야 한다. 참나는 무한한 잠재력을 가지고 있다는 것 깨달아야 한다.

자기사랑지향적 상담에서는 거짓된 나를 버려야 한다는 것을 강조한다. 그럴 경우에는 자기를 믿고 사랑하게 되며 이웃을 사랑하게 되고 이웃과 자신 안에 있는 하느님의 품성을 만나게 된다.

많은 부적응적 행동은 현실감의 부족이나 자존감의 저하와 관계된다. 진정으로 자기를 사랑하게 되면 있는 그대로의 현실을 보게 되고 쓸데없는 행동을 하지 않게 된다. 자기사랑을 위해서는 먼저 자기를 올바로 바라보는 것이 중요하다. 자신의 행동이나 감각, 생각과 감정을 있는 그대로 바라보아야 한다. 그렇게 되면 자신이 무한한 장점을 가지고 있는 신비한 존재라는 것을 느낄 수가 있다. 이는 집단상담과정에서 시간이 지날수록 자신과 집단성원의 좋은 점을 점점 알게 되는 것과 마찬가지이다.

자기를 사랑하게 되면 남을 사랑할 수 있게 되고 타인으로부터 사랑을 받을 수 있다. 자기를 사랑하지 못하면 남을 사랑하

기도 어렵고 남에게 적절한 도움을 주지 못한다. 그리고 남들로
부터 사랑을 받기도 어렵다(김중술, 1998).

결론적으로 자기사랑지향적 상담에서는 살면서 학습된 자기가
아닌 있는 그대로의 자기를 보게 하고 자신을 사랑하게 한다.
마찬가지로 나의 이웃 역시 무한한 장점과 잠재성이 있음을 알
고 존중하며 사랑하게 한다. 항상 기쁜 마음으로 자연스럽게 그
리고 열심히 현실에서 살아가도록 한다.

3) 기본적 상담기법

(1) 경 청

상담자는 내담자의 말을 잘 듣고 있어야 한다. 상담자는 편안
한 마음을 가지며 내담자를 돕고 이해하려는 심정으로 내담자가
보이는 언어적인 내용이나 비언어적 내용에 주의집중해야 한다.
내담자의 말에 고개를 끄덕이거나 "음, 음 그래요" 등의 반응을
하거나 내담자가 한 말을 반복하고 요약하는 것과 같은 반응을
보일 필요가 있다.

(2) 공 감

공감은 상담자가 자신을 내담자의 입장에 두고서 내담자의 기
분이나 감정을 느끼는 것이다. 내담자의 입장이라면 그런 감정
을 가지겠구나 하는 것이다. 공감한 다음에 내담자에게 공감한
내용을 상대방이 이해하기 쉬운 말로 표현해야 한다. 공감을 할
경우에는 상대방의 속마음까지도 알아차리고 적절하게 표현해

야 한다. 내담자가 공감받고 있음을 느끼게 되면 상담자를 보다 신뢰하게 되며 자신의 문제를 쉽게 털어놓을 수가 있다.

(3) 질 문

내담자와 상담하기 위해서는 질문의 기법이 필요하다. 질문에는 개방적 질문과 폐쇄적 질문이 있다. 개방적 질문은 "지금 당신의 기분에 대해서 말씀해주실 수 있습니까?"와 같은 내용이다. 폐쇄적 질문은 "지금 당신은 우울합니까?"와 같은 식으로 질문하는 것이다. 내담자에 대한 좀더 많은 정보를 얻기 위해서는 개방적 질문이 필요하다.

(4) 직 면

직면은 내담자가 보지 못하고 있는 자신의 문제를 바로 깨닫도록 하는 것이다. 내담자가 말하는 것과 행동하는 것이 다를 때, 생각하는 것과 느끼는 것이 다를 때, 내담자의 입장과 다른 사람의 관점이 다를 때와 같은 경우에 사용될 수 있는 것이다. 예를 들어 내담자가 자신의 아버지에 대한 이야기를 하면서 주먹을 불끈 쥐고 있었다면, 상담자는 "당신은 아버지에 대한 이야기를 하면서 주먹을 불끈 쥐고 있었다"와 같이 지적해주는 것을 말한다. 또는 어떤 주제에 대해서 잘 말하지 않으려 할 경우에도 그 점에 대해서 지적해주는 것도 직면의 한 방법이다.

(5) 자기노출

상담자 스스로 내담자에게 자신의 경험이나 태도, 생각, 감정 등을 있는 그대로 솔직하게 표현하는 것이다. 적절한 때에 상담

자가 내담자에게 자기 자신을 보여줌으로써 내담자는 상담자를
편하게 생각하고 자신의 문제를 표현할 수 있게 된다.

(6) 명료화

내담자의 마음 속에 있으나 자신이 정확히 깨닫지 못하고 있
는 것을 상담자가 분명하게 표현해주어 자신의 문제를 좀더 잘
인식하도록 도와주는 것이다. 내담자가 말하기는 했으나 자신은
미처 알아차리지 못한 의미나 관계를 알아차리도록 해준다. 명
료화를 통하여 내담자는 자신이 애매하게 느꼈던 내용이나 감정
을 더 잘 이해하게 된다.

4) 마약류 중독자의 성격 특징

마약류 중독자들은 기분이 우울하며 자존감이 낮고 성격적
문제를 가지고 있는 사람이 많다. 사회에 비동조적이며 반항심
이 많고 범죄행위를 보이기도 한다(Wanberg & Milkman, 1998).
자존심이 낮고 자아상이 빈약하기 때문에 자기를 보호하기 어
렵고 소속 집단의 동료들로부터 마약을 권유받을 때 거절하기
도 힘들다.

마약류 중독자들이 전형적인 성격적 유형을 가지고 있다고 보
기는 어려우나 이러한 성격적 취약성이 마약류 남용문제의 위험
을 증가시키는 요인이 되고 있다. 이러한 성격적인 변인은 직
접, 간접적으로 마약류 남용에 깊게 관련되어 있다(Brooner et
al., 1993; Campbell & Stark, 1990; Legan & Craig, 1992; Tarter,
1988). 뿐만 아니라 성격적 문제는 마약류 중독자의 치료를 어렵

게 하는 요인이 되고 있다.

국내의 연구에서는 필로폰 남용 환자와 같은 마약류 중독자들이 정상인에 비하여 반사회적 성향이 많은 것으로 나타났다(진영호 등, 2000). 외국의 연구에서도 마약류 중독자들이 반사회적 성향과 우울증이 있는 것으로 설명되고 있다(Ladd, 1996; Hall, Williams, & Button, 1993; Johnson, Tobin, & Cellucci, 1992). 더욱이 마약류 중독자 중 1/3 정도는 반사회적 성향 이외에 신경증적 증상이나 정신병적 증상과 같은 정신과적인 문제를 동반하고 있어 정신과적 치료가 필요할 것으로 생각된다. 일반적으로는 정신병리가 마약류 중독의 병인으로 보기보다는 정신병리는 마약류 중독의 결과로 보고 있다. 그러나 마약류 중독과 다른 정신질환이 상존할 때, 어느 것이 원인이고 결과인가를 구별하기가 어려운 경우가 많다(진영호 등, 2000).

유택규(2001) 등의 연구에서는 필로폰 중독자뿐만 아니라 알코올 중독자들 또한 물질에 의존하게 되는 취약한 성격특성을 가지고 있는 것으로 나타났다. 알코올 중독자들은 필로폰 중독자들에 비하여 더 혼란되어 있으며 사회적으로 철수되어 있고 자기방어가 잘 되지 않고 있는 등 정신과적 문제가 더 많은 것으로 나타났다. 입원한 알코올 중독자의 약 77%가 일생동안 한번 이상의 정신과적 문제를 가졌던 것으로 드러나고 있다(Closser & Kosten, 1992).

중독증에 잘 빠지는 사람들은 자기와 세상을 왜곡되게 보고 있고 외부의 자극에 대해서 민감하게 반응하고 있으며 지금 여기에서 즉각적인 만족을 추구하려는 경향이 강하다. 그리고 이들은 문제해결능력이 부족한데, 문제를 장기적이며 넓은 안목으로 보지 못하고 충동적으로 문제를 해결하려는 경향이 강하다.

5) 마약류 중독자에 대한 상담원칙

- 존중심을 가지고 공감하여야 한다.
- 일관되고 흔들리지 않는 태도를 보여주어야 하되 때에 따라서 융통성을 발휘할 줄 알아야 한다.
- 내담자의 사고와 정서 행동에서의 약점과 장점을 잘 알고 있되 장점을 살리고 발전시켜나가도록 해야 한다.
- 내담자의 행동에 대한 선택과 책임을 강조한다.
- 마약류 중독과 관련된 전문지식이 풍부하여야 한다.
- 문제에 대해 직접적으로 해결안을 제시하고 지시할 수 있어야 한다.

6) 마약류 중독 상담자의 특성

상담자는 따뜻하면서 공감을 잘 하고 내담자의 신뢰를 받을 수 있어야 한다. 내담자와의 협력관계를 잘 맺을 수 있어야 한다. 융통성이 있어야 하며 임기응변에 뛰어나야 한다. 내담자의 행동에 대해 일관된 태도로 적절한 관계를 형성할 수 있어야 한다. 그리고 인내심과 적극성이 필요하다.

또한 양가감정적인 내담자를 다룰 때 발생하기 쉬운 역전이 감정과 조절문제를 포함해서 다양한 상황에서의 건설적인 피드백을 받아들여서 이용할 수 있어야 한다.

7) 마약류 중독 상담자의 역할

먼저 관계형성을 잘 해야 한다. 다음에는 마약류 중독자의 중독의 정도와 심각성을 평가하고, 가족이나 다른 전문가로부터 정보를 얻어 정보를 체계화한다. 내담자의 장단점을 다 파악하되 특히 장점을 강조해야 한다. 내담자가 잘한 부분에 대해서는 아무리 사소한 것일지라도 칭찬하며 계속적으로 지지하고 강화한다. 변화에 있어 주된 책임이 내담자에게 있다는 것을 깨닫게 하여야 한다. 적절한 범위 안에서만 자신을 드러내고, 상담의 전 과정을 통해서 내담자에게 동기를 부여하고 인도하고 교육한다. 때때로 상담자는 즉각적인 행동변화가 필요할 때는 적극적으로 지시해야 한다. 상담자는 협력자, 교육자, 인도자 그리고 충고하고 변화를 촉진시키는 사람이 되어야 한다. 상담자가 내담자와의 비밀을 지키지 않거나 불필요한 신체적 접촉을 한다든지 비협조적인 내담자에 대하여 좌절하여 화를 내거나 성급한 직면을 해서는 안 된다. 내담자가 자신의 문제를 부인하거나 부정하면 비난할 것이 아니라 중독자가 스스로 물질남용 병력 등을 평가함으로써 서서히 내담자가 자신의 심리적 방어를 깨달을 수 있도록 도와주어야 한다(권도훈, 2001).

상담자는 내담자와의 언쟁을 피해야 하며, 계획적으로 내담자에게 행동에 대한 책임을 부과해야 한다.

상담자는 전문가로서의 권위를 가지고 상담에 임해야 한다. 내담자뿐만 아니라 가족에 대하여도 전문가로서의 권위를 가지고 지시하여야 하며 지시를 할 경우는 구체적이며 명료하게 지시해야 한다. 지시가 잘 이해되었는가를 확인하고 반복적인 지시를 내려야 한다. 그러나 권위적이면서도 엄격하다가도 때로는 친절하며 친밀한 농담도 주고받을 수 있어야 한다.

상담에서의 실패가 상담자의 책임보다는 내담자에게 책임이 있음을 강조한다. 상담자는 변화를 강요하기보다는 동기를 부여하는 데 만족하여야 하며 내담자와 싸우거나 감정적 대립을 하는 것은 바람직하지 않다. 또 마약류 중독자들이 가지고 있는 성격 특성의 하나는 냉소적이며 반항적이라는 것이다. 그래서 상담자는 상담이나 교육에 앞서 철저한 준비를 하여 허점이 잡히지 않도록 해야 한다. 참고로 효과적인 치료원칙은 다음과 같다.

① 모든 중독자 개개인에게 적합한 단 하나의 치료법은 없다.

환자 각각의 특정 문제와 욕구에 어울리는 치료환경, 개입과 서비스가 가족과 직장 및 사회에서 그 환자가 다시금 생산적인 기능을 성공적으로 수행할 수 있도록 하는 데에 핵심이 된다.

② 치료는 쉽게 활용 가능해야 할 필요가 있다.

약물 중독자 개개인은 치료를 확신하지 못할 수 있기 때문에 그들이 치료받을 준비가 되어 있을 때 치료 기회를 갖는 것이 핵심이다. 즉시 치료를 받을 수 없거나 치료에 쉽게 접근할 수 없다면 잠재적인 치료 신청자를 잃게 될 수 있다.

③ 효과적인 치료는 단지 환자의 약물 사용을 치료하는 것이 아니라 다양한 욕구를 보살펴야 한다.

치료가 효과적이기 위해서는 개개인의 약물사용 및 이와 관련된 의학적, 심리적, 사회적, 직업적, 법적 문제도 제기해야 한다.

④ 개개인의 치료와 서비스 계획은 계속적으로 사정되어 이 계획이 그 개인의 변화 욕구를 충족시킨다고 확신할 수 있도록 필요하게 조정되어야 한다.

환자는 치료와 회복과정에서 서비스와 치료의 다양한 처방을 요구할 수 있다. 환자는 상담이나 심리치료 외에 언제라도 의약품, 그 밖의 의료 서비스, 가족치료, 양육 교육, 직업재활과 사회적 법적 서비스를 요구할 수 있다. 치료접근이 개개인의 연령, 성별, 인종과 문화에 적합하도록 하는 것도 핵심이다.

⑤ 적절한 기간 동안 치료받는 것이 치료효과의 핵심이다.

개개인의 치료기간은 그 사람의 약물남용 문제와 욕구에 달려 있다. 대부분의 환자들에게 약 3개월의 치료로도 중요한 진전을 이룩할 수 있다고 한다. 이 상태에 도달한 다음, 더 회복하기 위해 부수적인 치료가 필요하다. 가끔 완전히 치료받지 않은 채로 치료장면에서 떠나기 때문에, 프로그램은 환자의 마음을 끌어들여 치료받도록 하는 전략을 포함해야 한다.

⑥ 상담(개별상담/집단상담)과 그 밖의 행동치료는 효과적인 중독치료의 핵심요소이다.

치료에서 환자는 동기의 이슈를 제기하고, 약물사용을 거절하는 기술을 습득하며, 약물사용 활동을 건설적이며 보상받는 약물을 사용하지 않는 활동으로 대체하며, 문제해결 능력을 개선한다. 행동치료는 또한 대인관계와 가족 및 지역사회에서 잘 지낼 수 있는 능력을 촉진시킨다.

⑦ 치료제는 특히 상담 및 그 밖의 행동치료와 결합되었을 때 많은 환자에게 중요한 치료요소가 된다.

메사돈과 levo-alpha-acetylmethadol(LAAM)은 헤로인이나 아편

에 중독된 사람에게 생활을 안정시키며 불법 약물사용을 감소시
키도록 하는 데 매우 효과적이다. Naltrexone은 일부 아편 중독
자와 알코올 의존이 함께 있는 일부 환자에게 효과적인 치료제
이다. 니코틴 중독자에게 니코틴 대체제(패치나 껌)나 구강 의약
품(bupropion)이 효과적인 치료요소가 될 수 있다. 정신장애 환
자에게 행동치료와 치료제가 아주 중요할 수 있다.

⑧ 정신장애가 있으면서 약물에 중독되거나 남용하는 사람들은
  두 장애를 통합된 방식으로 치료받아야 한다.

한 사람에게 중독장애와 정신장애가 발생할 수 있기 때문에,
이와 같은 증상을 나타내는 환자들은 사성되어 두 장애를 함께
치료받아야 한다.

⑨ 의학적 해독은 중독치료의 첫 단계일 뿐이며 그 자체로는
  장기적인 약물사용을 거의 변화시키지 못한다.

의학적 해독은 약물 사용 중단과 관련된 육체적인 급성 금단
증상을 안전하게 처리하는 것이다. 해독만으로는 중독자가 장
기적으로 약물을 사용하지 않도록 하는 데 충분하지 않지만, 이
것은 일부 사람에게는 효과적인 약물 중독 치료의 강력한 암시
이다.

⑩ 치료가 효과적이기 위해 반드시 자발적이어야 할 필요는 없다.

강력한 동기는 치료를 진전시킬 수 있다. 그러나 가족, 직장
또는 형사제도에서의 유인이나 처벌은 치료의 기회를 제공하고
치료를 지속시키며 약물치료의 성공을 크게 증가시킬 수 있다.

⑪ 치료기간 동안 약물사용은 계속해서 감시되어야 한다.

약물사용이 치료과정에서 발생할 수 있다. 치료하는 동안 환

자의 약물과 술 사용에 대한 객관적인 감시, 곧 소변검사나 그 밖의 검사와 같은 것은 환자가 약물사용에 대한 충동을 억제하도록 할 수 있다. 이런 감시는 또한 개개인의 치료계획이 정당화될 수 있도록 초기의 약물사용 증거를 제공할 수 있다. 불법 약물사용에 대한 양성 반응이 나타난 환자에 대한 피드백은 감시의 중요한 요소이다.

⑫ 치료 프로그램은 HIV/AIDS, B형 간염, C형 간염, 결핵과 전염 질병에 대한 진단도 제공하고 환자에게 도움을 주는 상담은 환자들이 다른 사람들에게 감염의 위험을 줄 수 있는 행위를 개정하거나 바꾸는 데 도움을 준다.

상담은 환자가 아주 위험한 행동을 하지 않도록 하고 이미 감염된 사람이 그들의 질병을 다룰 수 있도록 도와줄 수 있다.

⑬ 약물중독으로부터 회복은 장기간의 과정이며 자주 다양한 치료요법을 요구한다.

다른 만성 질병과 같이 약물 사용 재발은 성공적인 치료기간 동안이나 그 이후에도 발생할 수 있다. 중독자는 장기간의 중단과 완전히 회복된 기능을 얻을 수 있는 장기간의 치료와 다양한 치료요법을 요구할 수 있다. 치료기간과 치료 이후에 자조프로그램에의 참여는 물질사용 중단을 유지하는 데 도움이 된다(식약청, 마약퇴치운동본부, 2001, National Institute on Drug Abuse에서 재인용).

8) 재발방지를 위한 전략

조성남(1999)은 단약을 마음먹은 사람이 재발할 위험성을 크게

세 가지로 볼 수 있다고 하였다. 첫째로 좌절감이나 우울한 기분, 불안, 따분함, 분노, 외로움과 같은 느낌이 재발에 영향을 미치고 있다고 하였다(약 35%). 다음으로 단체나 사회적으로 밀접한 관계에 있는 사람으로부터 압력을 받게 되는 경우가 약 20%이고, 가족이나 직장 등에서 대인간의 갈등으로 재발이 일어나는 경우가 약 16% 정도 된다고 하였다.

단약을 하려는 결심을 하였을 때에는 가능한 재발의 위험성이 있는 상황을 피하거나 줄여나가도록 본인이나 가족이 노력해야 한다. 생활방식을 바꾸고 자신의 부정적 감정을 그대로 지켜보면서 적절하게 표현하고 긍정적인 생각과 태도를 갖는 것 등이 도움이 될 것이다. 또한 적극적으로 마약류를 하는 친구나 장소를 피하도록 해야 한다.

마약에 대한 생각이 일어나더라도 절제할 수 있는 연습을 해야 하며 만약에 실수를 하여 약을 하게 될 경우도 다시 일어설 수 있을 만큼 자신감을 갖게 해야 한다. 자신에게도 아직 희망이 있고 숨겨진 장점이 무수히 많다는 것을 알게 하여 약을 끊을 수 있다는 자신감을 가지도록 해야 한다.

참고로 코카인 중독으로부터 회복하기를 바라는 사람을 위한 일곱 가지 원칙을 소개한다. 필로폰 중독자들이나 알코올 중독자들 또한 이런 원칙을 가지고 있으면 회복하는 데 도움을 받을 수가 있다.

• 코카인을 끊을 시간은 바로 지금이다.

만약 당신이 "나는 내일 꼭 끊겠다"고 말하는 것은 당신이 "나는 끊으려는 마음이 없다"는 것이다.

- 점차적으로 하지말고 당장 끊어라.

당신이 코카인을 사용할 때마다, 좀더 하려는 마음이 일어나게 되며 그리고 회복과정은 지연되게 된다.

- 알코올이나 다른 약물도 끊도록 하라.

코카인 중독자는 흔히 문제가 코카인 하나만의 문제라고 생각할 것이다. 알코올과 대마초를 사용하는 것은 다시 코카인 남용이 재발될 초기 단계가 될 수 있다

- 당신의 생활방식을 바꾸어라.

당신이 코카인과 관련된 상황에 접하게 되면, 약을 하려는 갈망이 증가될 것이다. 특히 이러한 문제는 코카인 금단 증상의 초기에는 특히 더 어렵다.

- 약물사용을 유발하는 상황과, 사람 그리고 장소를 가능한 피하라.

어제 약물을 하지 않았다는 것이 오늘도 약물을 하지 않을 것이라는 것을 보장해주지는 않는다. 약물남용은 "어느 날 한 번"의 문제이다. 약물을 할 수 있는 장소에 접근하여 당신 자신을 시험해보려 하거나 혹은 당신의 반응을 살펴보려 하는 것은 큰 실수이다.

- 다른 즐거움을 찾아보라.

코카인 없이도 당신의 인생을 즐길 수 있는 것을 배워라. 약물 없이도 세상과 접촉할 수 있는 방법이 무엇인지를 배워라. 심지어 당신은 코카인을 제외하고 무슨 말을 해야 하는지조차 잊을 수도 있다.

• 당신의 몸을 잘 돌보아라. 올바로 먹고 운동하라.

당신이 코카인을 남용할 동안에 정상적으로 식사하는 습관이
깨져버렸다. 당신은 신체적 상태가 악화되었을 수도 있고, 심한
비타민 결핍으로 고통받고 있을 수도 있다. 건강식과 규칙적인
운동프로그램은 당신의 장기적 회복 관점에서 중요한 요인이 된
다(Levintal, 2002).

마약류 중독자들은 현실에서 일어나는 문제를 해결하는 능력
이나 스트레스를 관리하는 능력이 부족하기 때문에 마약을 남용
하지 않고도 문제를 해결할 수 있고 스트레스를 관리할 수 있는
능력을 길러주어야 한다. 집단치료, 작업치료, N.A.(Narcotics
Anonymous: 익명의 약물중독자)모임, 가족 모임 등을 시행하고 연
결해주어야 한다. 미국의 경우 Daytop village, Phoneix house,
Odyssey house 등이 있다. 특히 치료공동체 프로그램인 Daytop
에서는 마약 중독을 '한 인간이 갖는 일종의 질병이며, 중독은
하나의 증상일 뿐, 질병 그 자체는 아니며, 화학적 해독은 치료
의 시작 단계이지, 치료의 목표는 아니다'라고 말한다. "모든 인
간은 자신 스스로를 치료할 수 있는 능력을 가지고 있다"고 한
다. 여기서는 중독자는 변화될 수 있으며 중독자 스스로 위대한
자신을 발견할 수 있으며, 집단은 이러한 변화를 이끌어낼 수
있다. 치료공동체는 다른 사람을 도우면서 자신이 도움을 받은
환경이다. 치료공동체에서는 모든 구성원이 가장 단순한 직무에
서부터 복잡하고 조직적인 기술을 요구하는 직무까지 다양한 직
무를 수행한다. 모든 구성원이 자신의 능력과 치료경과에 따라
치료 프로그램과 공동체의 시설을 유지할 직무를 맡게 되면 권

위를 가진 역할모델과 팀워크나 상호존중과, 깨끗한 환경, 마약 복용 금지나 폭력이나 폭력 위험금지, 성행위 및 절도금지와 같은 규칙을 엄격하게 지키며 치료방법으로서 영성적 측면을 강조하는 등의 특성을 가지고 있다(경기도, 이미형 알코올 중독센터, 2002).

우리나라 인천에는 약물치료 공동체·재활공동체로 "소망을 나누는 집"이 있다. 여기에서는 마약으로부터 회복된 사람들이 이전의 사회적 접촉을 단절시키며, 서로가 지지하고 떡집이나 애완견집을 운영하여 경제적으로 자립하고, 약물로부터 회복된 중독자의 강력한 지도와 종교에 의지하면서 공동체생활을 하고 있다.

마약류 중독자를 위하여 대인관계를 좀더 잘 할 수 있도록 사회기술을 가르쳐주며 사회적 지지와 후원을 해주고, N.A.모임을 연결시켜주며, 마약이 접근 가능한 환경을 바꾸어주고 좋은 사회문화를 만들어주는 것이 효과적이다.

마약류 중독으로부터 회복하려는 모임인 N.A.모임의 단계별 주요한 내용은 다음과 같다.

- 1단계 : 우리는 약물에 무력했으며, 스스로 생활을 처리할 수 없게 되었다는 것을 깨닫고 시인했다.
- 2단계 : 우리보다 위대하신 '힘'이 우리를 건전한 본 정신으로 돌아오게 해주실 수 있다는 것을 믿게 되었다.
- 3단계 : 우리가 이해하게 된 대로 그 신의 보살피심에 우리의 의지와 생명을 완전히 맡기기로 결정했다.
- 4단계 : 철저하고 두려움 없이 우리의 도덕적 생활을 검토했다.
- 5단계 : 솔직하고 정확하게 우리가 잘못했던 점을 신과 자신에게

또 어느 한 사람에게 시인했다.

- 6단계 : 신께서 우리의 이러한 모든 성격상 약점을 제거해주시도록 우리는 준비를 완전히 했다.
- 7단계 : 겸손한 마음으로 신께서 우리의 약점을 없애주시기를 간청했다.
- 8단계 : 우리가 해를 끼친 모든 사람의 명단을 만들어서 그들에게 기꺼이 보상할 용의를 갖게 되었다.
- 9단계 : 어느 누구에게도 해가 되지 않는 한, 할 수 있는 데까지 어디서나 그들에게 직접 보상했다.
- 10단계 : 계속해서 자신을 반성하여 잘못이 있을 때마다 즉시 시인했다.
- 11단계 : 기도와 명상을 통해서 우리가 이해하게 된 대로의 신과 의식적인 접촉을 증진하려고 노력했다. 그리고 우리를 위한 그의 뜻만 알도록 해주시며, 그것을 이행할 수 있는 힘을 주시도록 간청했다.
- 12단계 : 이러한 단계로서 생활해본 결과, 우리는 영적으로 각성되었고, 약물 중독자들에게 이 메시지를 전하려고 노력했으며, 우리 생활의 모든 면에서도 이러한 원칙을 실천하려고 했다.

마약류 중독자의 재활을 위해서는 무엇보다도 마약류 중독자 스스로가 마약류 중독자라는 것을 받아들이고 변화하려는 동기가 있어야 한다. 다음에는 가족, 친구, 직장, 병원, 관련 전문가, 관련 기관의 적극적인 협력이 있어야 한다. 또한 마약류 중독자를 위한 직업재활이 필요하다. 직장이 있을 경우에는 단약할 가능성이 훨씬 높아지게 된다. 〈그림 6〉에는 약물 중독자를 치료하기 위한 통합적 치료 프로그램에서 필요한 요소를 설명하고 있다.

직업재활을 위해서는 정부 및 관련 기관에서의 적극적인 협조가 따라야 한다. 직업을 찾고 유지하는 데 필요한 내용들을 직접적으로 제공해주어야 한다. 국가 전체의 이익을 고려할 때 정부가 마약으로부터 회복하려는 사람들을 경제적·제도적으로 적극적인 도움을 주는 것은 현명한 전략이다.

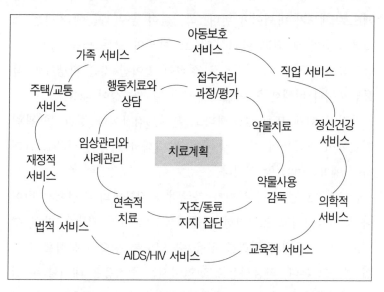

〈그림 6〉 약물 중독자를 치료하기 위한 통합적 치료 프로그램의 요소
Levintal(2002)

9) 마약류 중독의 예방

마약류 중독자를 예방하기 위해서는 일차적으로 가정 교육이

중요하다. 가정에서 자녀에게 관심을 가지면서 동시에 엄격하고 일관된 교육을 할 수 있어야 한다.

학교에서는 초등학교부터 고등학교에 이르기까지 학생들을 대상으로 마약류로 인한 엄청난 피해와 손상을 설명하고 마약의 전 단계라 할 수 있는 술, 담배를 하지 않도록 교육한다. 이와 함께 청소년들이 약물에 접하지 않도록 주변 환경을 건전하게 조성하고 지속적인 관심을 가지고 살펴보아야 한다.

또한 우리 교육이 입시 위주 정책에서 참 인간을 가르치는 정책으로 제도가 바뀌어야 한다. 학생들이 공부 때문에 지나친 스트레스를 받게 되고 학교성적으로 학생의 모든 면을 평가하고 규정해버릴 경우, 상대적으로 성적이 떨어진 많은 학생들이 약물남용이나 비행행동 쪽으로 빠지게 될 가능성이 높다.

법적인 체제 또한 중요하다고 본다. 검찰이나 경찰 등 관련 기관에서 마약류의 제조 및 유통에 대해서 계속 감시하고 관리하여 예방하여야 할 것이다.

궁극적으로는 우리 사회가 자극적 물질문화의 관점에서 벗어나서 일상적이고 조그마한 일들에서도 감사와 기쁨을 가질 수 있고, 자신 안에서 평화를 찾을 수 있도록 성숙된 문화를 가져야 한다고 본다. 약물사용으로 얻어지는 즐거움을 대체할 수 있는 일상적이며 자연적인 즐거움을 느낄 수 있는 사회분위기가 조성되어야 한다. 이런 면에서 사회지도층의 책임이 크다고 본다. 사회지도층부터 말과 행동이 성숙되고 모범이 되어야 한다.

요약하자면 우리 가정이나 학교, 사회 모두가 어느 정도는 마약류 남용을 유발한 책임을 가지고 있으며 아울러 이를 예방하고 재활해야 할 의무도 가지고 있다고 본다.

제2장 자기사랑

1. 자 기

2. 자기사랑의 구성요소

3. 자기사랑 어떻게 할 것인가?

4. 자기사랑과 명상

자기사랑

1. 자기(自己; Self)

자기를 사랑하기 위해서는 자기를 먼저 잘 이해해야 한다. 자기는 영어로 self에 해당되는데, 자아인 ego와는 다소 다른 개념이다. 칸트는 순수한 선험적 자기와 경험된 자기가 있다고 하였다. 참나는 선험적 자기에 가깝다고 할 수가 있다. 프로이트는 자기라는 개념대신에 자아(ego)라는 용어를 사용하였다. 여기서 자아는 내적 욕망과 외적인 현실과의 중간기제를 하는 것을 말한다. 그러나 진정한 자기는 에고인 자아를 말하는 것이 아니다. 에고보다도 훨씬 심오하며 넓은 의미로 에고를 관찰하는 자기이다. 우리가 자기라고 부를 수 있는 경험적이며 전체적인 자기가 있지만은 참나는 이러한 자기를 보고 있는 주체적인 자기이다(이호준, 1996).

동양에서는 의식경험은 고정되어 있지 않고 유동적이기 때문에 영속적인 자기는 없다고 한다. 불교에서는 자아(自我)를 실체가 없는 것으로 보고 있다. 자아는 매순간 변하고 있다는 것이다. 우발적으로 일어나는 현상이나 어떤 순간에 일어나지만 곧 사라지고 마는 자아의 마음상태는 진정 자기 것이 아니다. 자기의 생각이나 자기의 기분뿐이지 참나는 아닌 것이다(일타 큰스님, 1997).

참나라는 개념은 관찰하고 있는 자기라는 개념이 더 타당하다. 왜냐하면 육체적인 자기와 생각하는 자기를 다 볼 수 있는 것이 관찰자적인 자기이기 때문이다. 인간은 동물적인 육체를 가지고 있으며 동시에 생각하고 반성하며 자신을 관찰할 수 있고 영성을 가지고 있는 신비한 존재이다. 참나는 영성적이며 신비한 관찰자적인 자기이다. 우리가 자기라고 착각하는 것은 외부의 자극에 반영하는 순간적인 나의 생각이나 감정, 행동 등의 연속이다. 그것은 바람이 불 때 흔들리는 파도와 같은 것이다. 참나는 심연 속의 고요한 바다와 같다. 물론 파도 또한 바다의 일부이지만 참나는 파도와 비교할 수 없는 만큼 무한히 넓고 심오한 것이다(그림 7).

우리가 컴퓨터를 켜게 되면 다양한 내용들이 모니터 상에 비추어진다. 그러나 일시적으로 모니터 상에 나타나는 내용이 컴퓨터가 아니듯이 자기에게서 나오는 생각이나 감정, 행동들이 자기 자체는 아니다라는 것을 알아야 한다. 마찬가지로 내 몸에서 나오는 땀이나 소변과 같은 배설물이 나에게서 나왔지만 엄연히 나와 구분되어야 할 것이다. 스쳐 가는 나의 생각, 기분, 행동을 나와 동일시해서는 안 된다.

충동적인 생각, 이를테면 예쁜 여성을 보고 마음 속에 일어나는 생각이나 스트레스를 받았을 때 마약을 갈구하는 생각 등은

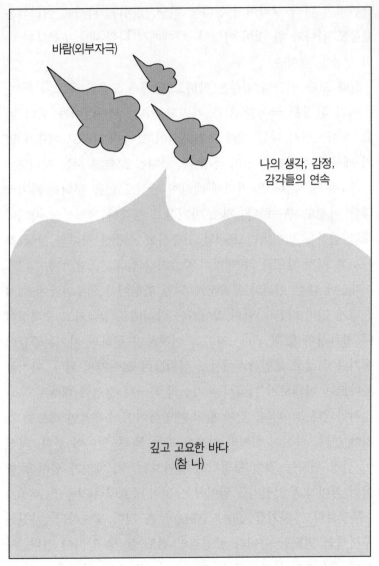

바람(외부자극)

나의 생각, 감정,
감각들의 연속

깊고 고요한 바다
(참 나)

〈그림 7〉 참 나

습관적인 나의 생각이지 참나는 아닌 것이다. 과거에 어리석은 행동도 참나가 한 것이 아니다. 나에게서 나왔지만 조건화된 나의 행동일 뿐이다.

원래 모든 인간의 심성은 착하고 남에게 도움을 주고자 하며, 주어진 환경을 극복할 힘을 가지고 있다. 세상살이가 힘이 들고, 살아오면서 나쁜 것에 조건화되어 있어 무지하고 여유가 없기 때문에 주어진 자신의 품성 즉, 참나를 모르고 사는 것이다.

대부분의 사람들은 자기에 대하여 관심도 없을 뿐더러 자기에 대한 이해도 부족하다. 평소 자기라고 생각하는 허상의 자기에 대한 집착을 벗어버리고 정말 귀중하고 소중한 참나를 항상 찾아보고 잃지 않도록 하는 것이 중요하다(일타 큰스님, 1997).

자신에 대한 이해가 부족하게 되면 환경이나 외부자극에 쉽게 끌리게 되며 다른 사람이 살아가는 방식대로 살아가고 주체성이나 일관성이 없게 된다. 자기를 이해하지 못하면 자기존중감이 생겨나지 않고 대인관계에서도 신뢰감이 없어지게 된다. 자기를 올바르게 이해하기 위해서는 자신의 욕구나 경험에 대해서 부끄러워하거나 죄의식을 갖지 말고 개방적이며 수용적인 태도를 가져야 한다. 자신의 신체와 마음을 모두 볼 줄 알아야 한다. 자신이 진정 원하는 것이 무엇인지 알아보는 것, 자기가 살아야 할 삶의 의미가 무엇인지를 알아보는 것이 중요하다(강승규, 1995).

무엇보다도 자기를 있는 그대로 보는 것이 중요하다. 자신의 부정적인 면뿐만 아니라 긍정적인 면도 볼 줄 알아야 한다. 사회에 적응하지 못하고 있는 대부분의 사람들은 자신과 타인 그리고 세상을 부정적으로 보는 경향이 있다. 같은 사실을 어떤 사람은 긍정적으로 어떤 사람은 부정적으로 볼 수 있다. 자신에

대해서도 마찬가지다. 나를 어떻게 평가하느냐 하는 것은 일차
적으로 자신에게 달려 있다.

자기를 이해한 다음에는 자신을 있는 그대로 받아들이고 인정
할 수 있으며 이것을 남에게 내보일 수 있어야 한다. 자신의 신
체나 욕구, 특성이나 상처, 삶의 의미 등을 그대로 이해한 다음
에 있는 그대로 받아들이고 이것을 집단 구성원을 통해서 노출
하게 되면 타인이 좀더 나를 이해하고 관심과 애정을 갖게 되며
이를 통해 자신도 스스로를 좀더 명확히 이해하게 되고 사랑하
게 된다.

그러나 보다 중요한 것은 여기서 자기란 것은 우리가 피상적
으로 생각하는 자기보다는 한층 깊이 있고 소중한 존재인 참나
즉, 진정한 자기를 말함이다. 참나는 무한한 잠재력과 능력을
가지고 있다는 것을 깨닫는 것이 중요하다. 나에게 있어서는 내
가 이 세상에 가장 존귀한 존재라는 것을 자각해야 한다(이동식,
1997).

마약류 중독자는 자존감이 저하되어 있으며 자아기능이 손상
되어 있기 때문에 마약에 대한 충동을 잘 이겨내지 못하고 주위
사람으로부터 마약남용에의 유혹을 거절하지 못하고 있다. 뿐만
아니라 스트레스나 문제에 부딪혔을 때 약물을 사용함으로써 도
피적인 적응을 하고 있다.

마약류 중독자나 알코올 중독자의 경우에는 마약이나 알코올
을 복용하는 자신에 대하여 깊게 생각하지 못하고 그저 자기
주위의 사람들이 자신을 대하는 방식으로써, 자기를 바라보거나
혹은 육체적 쾌락에 몰두하고 있는 자신을 참자기로 잘못 생각
하는 경향이 있다. 자신이 마약을 하고 있더라도 혹은 무엇을

하더라도 그것은 참나가 그렇게 하는 것이 아니다. 마약을 경험한 자신을 참나라고 잘못 생각하고 있을 뿐이다. 참나는 위대하고 귀중한 존재인 것이다.

2. 자기사랑의 구성요소

에리히 프롬에 의하면 사랑의 요소에는 이해와 존중, 책임과 배려 등의 요소가 따른다고 하였다.

자기를 사랑하는 데 있어서도 마찬가지로 자기 자신을 잘 이해하여야 하고 존중하여야 하며 자신에 대한 책임감과 배려가 필요하다. 자기에 대한 사랑은 자연스럽게 타인에 대한 사랑으로 향한다. 마치 하느님에 대한 사랑이 내 이웃에게나 나자신에게로 흐르듯이....

그러나 여기에 덧붙여 이러한 자기 자신을 전체적으로 볼 줄 아는 초인지적(meta cognition) 요소 혹은 관찰자적인 요소가 필요하다.

이것을 그림으로 나타내면 다음과 같다(그림 8).

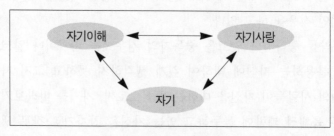

〈그림 8〉 자기이해와 자기사랑

자기사랑에 있어 중요한 것은 먼저 자기를 잘 이해하는 것이다. 자기를 잘 이해하게 되면 자신이 사랑스럽고 그리고 자신을 사랑하게 되면 자신을 더 잘 이해하게 된다.

참된 사랑이란 사랑하는 대상의 성장을 바라고 독립을 바라는 마음에서 우러난 사랑이듯 자기에 대한 사랑도 자신이 성숙하려는 마음가짐부터 가져야 한다. 성숙을 위해서는 자신을 이해하고 수용하여야 한다. 자기를 이해하기 위해서는 자기의 행동이나 생각, 감정 등을 항상 살펴보아야 한다. 자기에 대한 반성도 필요하다. 일기를 쓴다든지, 상담을 받는다든지, 명상을 하든지 간에 자기를 이해하려고 적극적으로 노력하는 자세가 있어야 한다.

참사랑이란 자기만을 생각하고 자기 잇속을 채우기 위해 남을 해롭게 하는 이기적인 것과는 다르다. 자기를 이해하고 사랑하는 사람은 정말 남이 원하는 것이 무엇인지를 알고 도움을 준다. 자기를 사랑하지 않는 사람은 남에게 도움을 주려고 해도 결국은 자기의 이기심을 만족시키며 진정으로 도움되지 않는 행동을 한다(이동식, 1985).

자기존중이라는 것은 자기사랑에 있어 필수적이다. 자기를 있는 그대로 존중할 줄 아는 것이 자기를 사랑하는 것이다. 그리고 자기의 인생은 다름 아닌 자신이 선택하였기 때문에 자기에 대한 책임 또한 자기가 진다는 책임감을 가지는 것도 중요하다. 지금 나의 행동은 모두 내가 선택하였고 따라서 나의 책임인 것이다.

자기를 사랑하게 되면 스스로가 주인이 되고 자기를 통제할 수 있게 된다. 자기를 사랑하지 않을 때 다른 사람이나 물질에 끌려 다니고 의존하게 되며 결국 좌절감을 맛보게 된다.

프로이트에 의하면 "인간은 쾌락을 추구하고 고통을 피하려 하는 존재이다"라고 하였다. 보통 사람들은 쾌락을 추구하지 않는 것이 아니라 나중에 더 많은 혹은 더욱 질적으로 우수한 만족을 얻기 위하여 현실적 상황을 고려하거나, 양심이나 도덕적 기준에 맞게 잠시 뒤로 미루거나 혹은 추구하는 내용을 줄이거나 다른 것으로 바꾸거나 한다. 참으로 자기를 사랑하지 않는 사람들은 자신의 쾌락욕구에만 충실한 나머지 사회나 도덕기준을 생각하지 않게 되어 궁극적으로 많은 손실을 보게 된다(홍성화, 홍미기, 2001). 자기에 대한 사랑은 자신을 돌보고 배려해야 한다는 것이다. 다른 무엇보다도 자기에 대한 사랑을 최우선 순위에 두어야 한다.

성서에도 "네 이웃을 네 몸과 같이 사랑하라"고 하였다. 이는 자기와 이웃이 다른 것이 아니고 하나라는 것이다. 우리가 표면이 아닌 깊은 곳으로 들어가면 모두가 하나라는 것을 인식하게 된다. 내 문제를 투시하지 않을 때 내 마음 속의 하느님과 다른 사람 마음 속에 있는 하느님이 같다는 것을 알게 된다.

에리히 프롬은 자기 자신을 사랑하는 것은 도움을 필요로 하고 있는 불안정하고 취약한 사람을 사랑하는 것이기도 하다고 하였다.

우리가 이웃을 한 인간으로 사랑하는 것 이상으로 자신을 사랑하는 것이 미덕이다. "이웃을 네 몸처럼 사랑하라"는 말 속에 담겨있는 뜻은 자기 자신의 개성을 존중하고 자기 자신을 사랑하고 이해하는 것은 타인을 존중하고 사랑하고 이해하는 것과 분리할 수 없다는 것이다. 자기 자신을 사랑하는 것과 타인을 사랑하는 것은 불가분의 관계에 있다.

자기 자신을 사랑하는 사람은 타인을 사랑할 수가 있다. 타인에 대한 사랑이 곧 자기에 대한 사랑이다. 누군가를 사랑한다는 것은 사랑하는 능력을 집중하여 실현하는 것을 말한다(김중술, 1998).

만약 어떤 사람이 다른 사람을 생산적으로 사랑할 수 있다면, 그 사람은 자기 자신도 사랑하는 것이다. 남을 배려하고 존경하고 책임지고 이해하는 것은 자기 자신의 인생에서 행복을 긍정하는 것과 같다.

진정한 사랑은 타인이 자녀이건 부모형제이건 누구이건 간에 타인의 인격을 존중하고 자기의 소유물 또는 자기욕망을 충족시키는 도구로 삼지 않는, 오로지 타인의 독립성장을 도와주는 사랑이다(이동식, 1985).

3. 자기사랑 어떻게 할 것인가?

자기사랑을 하기 위해서는 있는 그대로 자기 바라보기, 자기 몸 보살피기, 스트레스 관리하기, 장점 알아보기, 자신의 욕구를 알고 충족시키기, 용서하고 감사하기, 인생의 의미를 알아보기, 대인관계 잘하기, 기도하기 등의 방법이 사용될 수 있다.

1) 있는 그대로 자기 바라보기

자기사랑이란 자기에 대한 관심을 가지고 있는 그대로 자기 자신을 볼 줄 아는 것으로부터 시작해야 한다(김선남, 2001). 이 단계에서는 자기의 신체, 생각, 기분이나 성격, 대인관계, 영성까지 전부 다 포함한 전체적인 자기를 있는 그대로 보아야 한다.

대부분의 사람들은 여태껏 살아오면서 습관화된 양식이나 경험에서 비롯된 틀에 맞추어 세상을 보거나 자기를 생각한다. 이러한 경험은 어떤 의미에서는 진정한 자기를 제대로 이해하지 못하게 하는 요인이 되기도 한다. 사람에 따라서는 자기를 바로보고 이해할 시간과 여유가 없었을 수도, 혹은 그런 기회가 없었을 수도 있다.

또 다른 하나는 사람들이 불안으로 인하여 있는 그대로의 자기를 보지 않고 다양한 방어기제를 사용할 수도 있다는 것이다. 이러한 방어기제는 일종의 자기 속임수라고 할 수 있다. 방어기제를 사용함으로써 자존심을 유지하고 불안을 피할 수 있기 때문이다. 우리들은 누구나 자기도 모르게 이러한 방어기제를 사용하게 된다. 방어기제는 무의식적으로 일어나기 때문이다. 또, 사람에 따라서는 병적으로 심한 방어기제를 사용하는 사람도 있다.

대표적인 방어기제는 다음과 같다.

(1) 억압

순간적으로 떠오른 자기의 충동이나 감정, 욕망이나 공상을 눌러버리고 의식하지 않는 것이다. 본인에게 처음부터 그러한 충동들이 없었던 것으로 본다. 자존심의 손상이나 창피함, 죄의식과 관련된 경험들은 불안을 불러일으키게 되므로 특히 억압되기 쉽다. 망각도 일종의 억압이다. 이러한 억압이 무의식화되어 충동이나 욕망의 일부가 되며 우리의 생각이나 감정 그리고 행동에 영향을 미친다.

(2) 합리화

어떤 일이나 행동이 일어나게 된 실제의 이유를 대는 대신에 자존심이 상하지 않고 사회적으로 적절한 어떤 이유를 대는 것을 말한다. 이솝의 여우와 신포도 이야기와 같다. 여우가 포도를 따먹으려고 하는데, 포도나무가 너무 높아서 따먹을 수가 없었다. 그러자 여우는 저 포도는 시다고 하며 돌아갔다. 이 이야기에서 여우는 포도가 시다고 이야기함으로써 자신의 자존심을 지키려 한 것이다. 또 다른 예로는 시험을 망친 학생이 교수가 시험문제를 잘못 출제했거나 채점을 잘못했다고 이야기하는 경우와 같다.

(3) 퇴 행

스트레스나 힘든 일을 느낄 때 현재보다 더 어린 시절의 행동으로 돌아가는 것을 말한다. 어린아이에게 동생이 생기면 일어나는 '아우타기'와 같은 것이다.

(4) 투 사

사실은 자기가 가지고 있는 바람직하지 못한 욕구나 생각을 타인이 가지고 있다고 덮어씌우는 것을 말한다. 그렇게 행동함으로써 스스로의 자존심을 지키려는 것이다. 의처증, 의부증도 투사의 한 결과이다. 인간은 투사의 동물이다. 우리가 다른 사람의 좋지 못한 면이 자꾸 보이기 시작하여 그것에 대해 신경이

거슬린다면 당장은 의식하지 못한 그런 면이 나에게도 있을 수 있다는 것을 알아야 한다.

(5) 부 인

현실적 사실을 거부하고 부정하는 것을 말한다. 자기가 가지고 있는 문제나 일들을 가지고 있지 않다고 부인하는 것이며 외부로부터 들어오는 감각적인 인상을 막아버리는 것이다. 부인하는 사람은 그의 느낌을 용인하기에는 너무나 두렵고 감당할 수 없기 때문에 부인하게 된다. 주로 알코올 중독자나 마약류 중독자들이 부인의 방어기제를 많이 사용하고 있다. 자기가 중독자라는 사실을 받아들이지 않는 것이다.

(6) 반동형성

실제의 자기 마음과는 반대로 행동하는 것을 말한다. 시어머니를 상당히 미워하는 며느리가 시어머니를 지나치게 잘 봉양하는 경우 등을 예로 들 수가 있다.

(7) 수동-공격성

공격이나 적개심을 직접적으로 표현하지 않고 간접적이며 수동적으로 표현하는 것을 말한다. 어떤 사람의 부탁을 받아놓고 반응을 안 한다든지 약속 시간에 늦게 나타나는 것 등이다.

(8) 해 리

한 사람의 성격 중 어떤 면이 그 사람으로부터 벗어나 다른 사람의 역할을 하는 것을 말한다. 한 사람이 여러 가지의 성격을 가지고 있는 다중 성격이 그 예다. "지킬박사와 하이드"라는 소설에 나오는 것처럼 상반된 두 개의 인격이 한 사람 안에 공존하며 다르게 기능한다.

(9) 동일화

남의 성격이나 역할을 따서 자기의 일부로 삼는 것을 말한다. 예를 들면, 어린 남자 아이가 자기가 아버지인 것처럼 행동하는 것이다.

(10) 전 환

심리적 갈등이 신체적으로 바뀌어가는 과정이다. 시어머니를 때릴까 싶어 걱정하는 며느리의 오른 팔이 마비가 일어나는 것과 같은 경우이다.

(11) 대 상

자신이 열등하다고 생각하는 것을 보상하기 위하여 자신의 장점이라고 생각하는 것을 지나치게 강조하는 것 등을 말한다.

(12) 승 화

자기가 가지고 있는 공격성이나 성적 내용들을 사회적으로 바람직한 방향으로 돌리는 것을 말한다. 어릴 때 공격성이 강한 사람이 커서 권투선수가 된다든지, 성적 감정을 무용이나 그림 등으로 표현하는 것을 말한다(민성길, 2001; 조대경, 1985; 한동세, 1982).

진정한 자기는 억압이나 합리화 또는 부인하거나 남에게 투사하지 않고, 있는 그대로를 지켜볼 수 있을 때 알게 되는 것이다. 자기사랑이란 자기를 속이지 않고 있는 그대로 자기를 보는 것이다.

2) 자기 몸 보살피기

자기를 사랑하기 위해서는 우선 자신의 몸부터 아끼고 잘 보살펴야 한다. 자기란 몸과 마음 모두를 포함하고 있기 때문이다. 그리고 몸이란 마음과 불가분의 관계를 가지고 있음을 알아야 한다. 마음이 아프면 몸도 따라서 아프게 된다. 몸이 아프다는 것은 마음의 어느 부분에 문제가 있음을 말한다. 현대 의학에서도 내과적 질환의 대부분은 심리적 문제와 관련된다고 보고하고 있다. 스스로의 몸을 보살피는 것은 자신의 마음을 보살피는 것이고 마음을 잘 보살피는 것 또한 몸을 잘 보살피는 것이된다. 몸이 편해야 마음이 편하고 마음이 편해야 몸도 좋아진다. 그러므로 우리는 먼저 마음을 편안하게 하는 동시에 자신의 몸에 대해서도 관심을 가지고 돌보아야 한다. 자신의 몸이 현재어떠한 상태에 있는가를 알아보고 자신의 몸을 위해 지금 내가무엇을 해야 할 것인가를 생각하고 돌보아야 한다. 머리부터 발끝까지 자신의 몸을 잘 살펴보고 몸이 바라는 대로 해주는 것이좋다. 또 자신의 몸에서 일어나는 느낌에 집중해서 약간의 변화라도 감지할 수 있게 자신의 몸 상태에 민감해지도록 해야 한다 (김경민, 미발간).

자신의 몸을 돌보기 위해서는 병이 있을 경우에는 치료를 받아야 하고 피로할 경우에는 휴식을 취하도록 하며, 영양분이나 비타민이 부족하면 충분히 섭취하도록 해야 한다.

다이어트의 경우에도 다른 사람들의 눈을 의식하기보다는 자신의 몸을 위하여 다이어트를 하도록 한다. 그러나 너무 지나치게 자신의 몸에 집착하는 것은 오히려 정신건강에 해롭다. 매일 규칙적인 운동이나 산책도 중요하며 기도나 명상, 요가와 같은 것들도 자신의 신체에 좋은 영향을 줄 수 있다.

다시 말해서, 자기의 몸부터 살펴보고 해서는 안 될 일이 무엇인지를 살펴보아야 한다. 과도한 음주나 섹스, 놀이, 일에 대한 집착은 자신의 몸에 좋지 않다.

3) 스트레스 관리하기

자신을 사랑하기 위해서는 스트레스로부터 자신을 보호하고 지켜야 한다. 스트레스를 받을 경우에 그것을 적절하게 해결하는 방법을 배울 필요가 있다. 스트레스가 주로 어떠한 경우에 발생하는지를 알게 되면 미리 그런 상황을 피할 수도 있다. 그리고 스트레스가 일어났을 때 대처하는 기술을 미리 준비하고 있는 것도 효과적인 방법이다. 스트레스에 대한 대처방법으로는 다음과 같은 것이 있다.

(1) 자기의 생각과 감정 바라보기

자신의 생각이나 감정 혹은 충동을 있는 그대로 바라보고 있으면 된다. 자기의 생각과 감정을 누르거나 왜곡하지 말고 있는 그대로 보기 시작하면 불안은 절로 사라진다. 여기서 가장 중요한 것은 자신의 생각이나 감정에 집착하거나 흔들리지 말고 있는 그대로 바라보는 것이다.

(2) 생각바꾸기

일상생활에서 나타나는 부정적 생각과 표현을 긍정적으로 바꾸면 상황을 보는 시각을 달리할 수가 있다. 상황 그 자체보다는 상황을 보는 시각을 바꿈으로써 마음의 평안을 얻을 수가 있다. 인간의 모든 정서는 상황 그 자체보다는 상황을 보는 우리의 관점에 따라 달라진다.

(3) 생각멈추기

생각멈추기 방법은 원하지 않는 생각이 떠오를 때 "그만"이라고 말함으로써 부정적인 생각을 멈춘 다음, 그 생각을 긍정적인 생각으로 대치시키는 방법이다. 이 방법은 스스로 사고를 통제할 수 있다는 마음을 갖게 한다. 고민스러운 생각이 떠오르면 쓸데없는 생각이라는 것을 인식하고 마음 속에서 정지(stop)라고 외쳐보고 다시 걱정스러운 생각이 떠오르면 반복한다.

(4) 근육긴장이완법

근육이 긴장되었을 때, 기분이 어떤지를 인식할 수 있고, 또 어떤 근육들이 긴장을 유발하는지를 식별할 수 있다.

근육긴장이완법은 특정 근육이나 근육 다발(팔, 다리, 어깨)을 긴장시키는 것으로부터 시작한다. 그 다음에는 그러한 긴장상태를 약간 유지하고 난 후, 좀더 기분 좋은 완화상태로 들어가도록 긴장을 풀어준다.

근육긴장이완의 단계

① 근육이완을 실시할 수 있는 장소를 찾는다.
② 편안한 자세를 취한다.
③ 심호흡을 실시하여 마음을 편안하게 한다.
④ 6초간 신체의 특정부위를 긴장시킨다.
⑤ 8초간 이완한다.
⑥ 몸 전체가 완전히 이완될 때까지 신체 각 부위를 나누어 반복한다.

근육이완의 순서

① 팔과 손의 이완
② 오른팔−왼팔
③ 다리와 발의 이완
④ 오른쪽 다리−왼쪽 다리
⑤ 배의 이완
⑥ 어깨와 목의 이완
⑦ 얼굴근육의 이완
⑧ 턱−눈
⑨ 전신이완(유영대, 2000).

(5) 주위를 다른 곳으로 돌리는 방법

스트레스를 받고 있다면 주위를 다른 곳으로 돌려본다. 텔레비전을 보거나 영화관람, 책·신문·잡지 등의 독서, 친구와 대화, 운동, 음악감상, 컴퓨터 활용, 게임 등 어떠한 일에 몰두하거나 취미생활을 가져본다. 또 자신이 기대하는 일들을 생각해보는 것도 좋다.

(6) 심상법

스트레스를 유발하는 생각이나 이미지를 편안한 생각으로 바꿀 수 있다. 몇 분 동안 방해받지 않을 만한 조용한 장소를 찾아 편안한 자세로 앉거나 누워본다.

긴장을 해소해줄 만한 장소나 향기, 기억들을 떠올려본다. 유쾌한 이미지를 상상할 때는 오감을 모두 사용하도록 한다. 그리고 자신에게 이렇게 물어본다. 나는 무엇을 보고 있는가? 내가 들을 수 있는 것은 무엇인가? 등을 생각한다.

심상법은 편안한 자세에서 조용하고 행복했던 장소를 기억해 내고 그 순간의 좋은 기분들을 연상함으로써 신체를 이완하는 방법이다. 따라서 심상의 조건은 일반적인 상황보다는 개인이 과거에 즐거웠던 경험을 토대로 하여 만드는 것이 바람직하다.

① 과거에 기분 좋았던 사건이나 경험을 생각해보자.

즐겁고 이완된 경험을 기억해내면 그때와 같이 마음이 편안해지고 신체도 이완된다.

② 편안한 자세에서 눈을 감고 심호흡을 한다.

자신의 경험 중에 가장 이완되고 조용하고 행복했던 어떤 장소를 마음에 그린다. 그 장면의 색깔이 무엇인지, 편안한 마음과 신선한 공기, 주위사람들, 촉감, 소리 등 오감을 통한 경험을 느껴본다. 그것이 그림 속에 확연히 떠오를 때까지 상상한다. 다음에는 심호흡을 하고 이완한다.

예를 들어 다음과 같은 것이 있을 수 있다.

　나는 초가을 날 저녁 푸르고 아름다운 나지막한 산 아래의 하얀 벤치에 홀로 앉아 있다. 나뭇잎들이 바람에 산들산들 흔들리고 있다. 시원한 바람이 얼굴을 스치고 지나간다. 새 지저귀는 소리가 산에서 들려오고 있다. 맑고 상쾌한 공기를 힘껏 들이마신다. 긴장이 가시고 온몸이 편안해진다. 나는 살아 있다는 것 자체에서 말할 수 없는 행복감을 느끼고 있다.

(7) 행동바꾸기

　인간의 행동과 정서 그리고 생각은 밀접하게 연결되어 있다. 부정적 생각이 날 때는 그 생각을 직접적으로 전환시키기보다 행동을 먼저 긍정적으로 실천한다면 긴장이 풀어지고 생각까지 긍정적으로 바뀌게 된다. 우울한 기분이 들 때는 청소하는 것도 좋은 방법이다. 더럽혀져 있는 방을 청소하고 가구를 정리하면 마음이 시원해진다.

(8) 호흡 명상

　호흡에는 흉식 호흡과 복식 호흡 등이 있는데, 복식 호흡을 해야 한다. 복식 호흡이란 어린이가 숨을 쉬듯이 배로 호흡하는 것이다. 배에 약간 힘을 주어야 한다. 숨을 들이쉬면 배가 나오고 숨을 내쉬면 배가 들어간다.

　배가 나오고 들어가는 것을 느낀다. 그리고 숨을 들이쉬고 내쉬면서 호흡에 집중한다. 호흡명상에 대한 자세한 것은 수식관 명상에서 설명하고 있다.

　위와 같은 다양한 스트레스 대처기술을 배우고 나면 좀더 자기를 사랑하게 된다.

4) 장점 알아보기

자기를 사랑하기 위해서는 자신의 장점이나 잠재력을 잘 보아야 한다. 그냥 눈에 보이는 장점만 보는 것이 아니라 숨겨져 있는 장점도 볼 줄 알아야 한다. 사람은 자기 눈에도 보이고 남에게도 보이는 자기와, 자기는 알 수 없지만 남이 알고 있는 나, 남은 보지 못하지만 스스로가 알고 있는 나, 남도 자기도 모르는 나 등으로 구분할 수 있다고 한다. 그러므로 자기를 사랑하기 위해서는 스스로 알고 있는 자신의 장점—이것을 아는 데는 어려움이 없다. 왜냐하면 자기도 인정하고 남도 인정해주기 때문이다. 그리고 자기가 모르는 자신의 장점—이것을 알기 위해서는 다른 사람이 자기를 칭찬해주는 것, 그리고 의식적으로는 모르지만 내가 남을 칭찬해주는 것 속에 나도 모르는 나의 장점이 있다는 것이다. 이를 통해서 나의 장점을 더 많이 알 수가 있다.

자신의 장점을 확인하고 수용하는 것은 자존심을 높이는 계기가 된다. 그리고 타인의 긍정적인 면을 많이 볼 수 있기 때문에 대인관계가 원만해진다. 사람은 자신의 긍정적인 면을 보는 만큼 타인의 장점을 많이 보게 될 수 있기 때문이다. 그러므로 스스로가 긍정적인 태도를 가지게 된다면 현실에 좀더 자신감 있게 적응할 수가 있게 된다.

5) 자신의 욕구를 알고 충족시켜주기

자기를 사랑하기 위해서는 자신이 진정으로 바라는 욕구를 알고 그것을 만족시켜주어야 한다. 글래스(Glass)에 의하면 인간은 정도의 차이가 있으나 누구나 생존의 욕구, 애정 및 사랑의 욕구, 권력의 욕구, 즐거움의 욕구, 자유의 욕구를 가지고 있다(김인자, 1994). 그리고 자신이 좀더 현실적이고 적응적으로 이러한 욕구를 해결할 수 있을 때 자기를 사랑하게 되는 것이다.

부부나 가까이 있는 사람들의 경우에도 욕구가 다르면 마찰이 생길 가능성이 있다.

마약류나 알코올을 남용하는 경우도 그 당시에는 마약과 알코올이 중독자의 욕구를 충족시킬 수 있는 최선의 방법처럼 보였기 때문이다. 어머니와의 갈등이 생겼을 때 마약을 하기로 한 것이 자신을 행복하게 하기 위해서는 최선의 방법이었다고 생각할 수 있다. 그러나 그러한 행동을 그만두게 되는 이유는 과거의 약물남용이 행복을 원하는 사람에게 전혀 도움이 되지 않았기 때문이다. 마약을 한 행동이 자신에게 즐거움을 주고 자존심을 향상시킬 것으로 믿었지만 그렇게 되지 않았던 것이다.

그러므로 우리는 자신의 욕구를 채워줄 수 있는 좀더 현실적이며 효과적인 방법을 강구하여야 한다. 그러기 위해서는 자신이 진정으로 무엇을 원하는가를 분명히 알아보아야 한다. 그리고 이러한 바람을 항상 생각하거나 바라는 것이 이미 이루어졌다고 상상하는 방법을 통하여 계속 확신을 주어야 한다. 중요한 것은 현실의 토대 위에서 최악의 상황도 일어날 가능성이 있다는 것을 알고 그것에 대한 대처를 해가면서 목표가 이루어진다는 확신을 갖고 끝까지 포기하지 않는 것이다.

6) 용서하고 감사하기

다음으로 자기를 사랑하기 위해서는 자기 자신과 남을 용서하고 감사할 줄 알아야 한다.

남을 용서하는 것이 궁극적으로 자기를 위한 것이다. 타인의 잘못된 행동을 강한 마음으로 너그럽게 받아들일 필요가 있다. 남을 용서함으로써 분노감이 줄어들게 되고 에너지가 덜 소비하게 되어 좀더 긍정적인 면에 자신의 에너지를 집중할 수 있게 된다.

용서하기 위해서는 먼저 분노의 대상이 되는 사람을 마음 속에서 천천히 떠올려 그 사람을 마음 속에 초대하고 자신에게 행한 말과 행동으로 마음에 상처를 준 것을 생각하며 그 당시의 감정을 느껴본다. 이때 신체적 상태를 함께 느껴보는 것도 좋다. 그리고 그 사람의 입장에서 그 사건을 이해한 다음에 용서하도록 한다. 우리가 다른 사람의 잘못을 용서하지 못하는 것은 그 사람과 같은 마음이 되지 못하기 때문이다. 용서는 내가 상대방의 마음이 같지 않다는 것을 이해하여 같은 마음이 되거나 억지로라도 같은 마음이 되고자 할 때 생겨난다(이완재, 2001).

그리고 용서한다고 속으로 말하거나 적어보기도 한다. 여러 사람 앞에서 공개적으로 용서하는 것은 효과가 더 크다(이은정, 조성호, 2000). 용서하는 사람이 용서받는 사람보다 약하거나 피해를 당하고 있다고 느낄 경우에는 용서하기가 어렵다. 적어도 용서하는 사람은 받는 사람보다 더 강해야 그 사람을 이해하게 되어 쉽게 용서하게 된다. 용서함으로써 우리는 자기의 에너지를 좀더 건설적인 데에 쓸 수 있게 되며 대인관계도 잘 유지할 수 있게 된다(노승수, 1999).

용서는 자기에 대해서도 마찬가지이다. 자기가 실수한 행동을 있는 그대로 바라보고 용서해야 한다. 그래야 자학적 행동을 하지 않고 같은 실수에 다시 빠지지 않게 된다.

성경에서는 우리가 온전한 삶을 살기 위해서는 하느님의 뜻을 따라야 한다고 말한다. 하느님의 뜻을 따르는 것은 매사에 기도하고 항상 감사하고 즐거워하라는 것이다. 어려움이나 장애가 있더라도 하느님의 뜻이라 생각하고 감사하게 생각하는 것이 자기에게 도움이 된다.

우리는 조그마한 것에서도 감사와 즐거움을 느낄 수가 있다. 한 여름 더운 날에 간간히 불어오는 시원한 바람, 갈증이 심할 때의 냉수 한 그릇, 먼 거리를 오랫동안 걷다가 잠시 쉬면서 운동화를 벗을 때의 기분, 지하철 전동차에서 발견한 빈자리 등 우리 주위에는 이런 조그만 일에 기쁨과 감사를 느낄 것이 많다. 우리가 일상에서 조그마한 것들에서 만족을 구하지 못할 때 비현실적인 자극들을 추구하게 된다. 마약류 중독자들은 일상의 조그마한 내용에서 감사와 기쁨을 느끼지 못한다. 그들은 이미 너무 강한 자극에 노출되고 익숙해져 있기 때문이다.

7) 인생의 의미 알아보기

누구에게나 살아야 하는 인생의 의미가 있다. 내가 왜 살아야 하는지, 살아야 하는 목적이 무엇인지를 아는 것은 인생이라는 여행에 있어서 등대의 구실을 한다. 살아야 하는 의미를 가지게 될 때 우리는 인생의 참 맛을 느끼게 되는 것이다. 인생의 의미는 자기가 만드는 것이다.

8) 대인관계 잘 하기

대인관계를 잘 하기 위해서는 사회기술이 필요하다. 인간의
의사소통에는 언어적 내용 및 비언어적 내용이 있다. 언어적 내
용에는 말의 내용 등이 포함되지만 비언어적 내용에는 얼굴표
정, 눈 맞춤, 목소리, 억양, 자세와 태도 등이 포함된다. 대화를
잘 하기 위해서는 이러한 비언어적 내용이 상황과 상대방에 적
절하게 맞아야 한다. 항상 상대방의 입장을 생각하고 자신의 말
이 상대방에게 어떻게 받아들여질 것인가를 생각하면서 대화를
하는 것이 중요하다.

그리고 자기를 지키기 위해서는 자신이 싫어하고 원하지 않는
내용은 그렇지 않다고 확실하게 이야기하는 것이 중요하다. 거
절을 잘 못하는 이유는 거절함으로써 소수의 동료로부터 배척당
하지 않을까 하는 걱정이 있기 때문이지만 실제로는 더 많은 사
람들로부터 인정을 받게 된다. 거절할 경우에는 자신감을 가지
고 단호한 목소리로 "안돼"라고 이야기하는 것이 상대방에게도
나에게도 도움을 주는 경우가 많이 있다.

9) 기도하기

기도는 신을 사랑하는 것이면서도 동시에 참나를 사랑하는 것
이다. 기도를 하면서 우리는 성숙해지고 발전되어간다. 그러나
기도할 때 내가 기도하는 이유가 무엇인지? 동기가 무엇인지를

살펴보는 것이 중요하다. 내가 어떠한 의도를 가지고 기도하는
지, 나의 욕심과 집착을 마음 속에 품고 하는 기도가 아닌지를
생각해 보아야 할 것이다. 내 마음이 만들어 낸 내 마음 속에 있
는 하느님이나 부처를 없애야지 하느님과 부처의 뜻을 바로 알
게 되며 기도가 통할 수 있게 된다(이동식, 1997).

4. 자기사랑과 명상(瞑想; medication)

현대인이 느끼는 많은 고통과 근심의 대부분은 마음의 여유가
없고 욕심이 많고 지혜가 부족하기 때문이다. 물론 우리 사회가
가지고 있는 제도적 모순도 무시하지 못하지만 그래도 많은 고
통과 불안 그리고 근심의 원인은 자신의 마음상태와 관련된다.
마음을 다스리는 방법의 하나로 명상을 들 수가 있다. 명상은
자신의 마음을 바로 잡게 하며, 잘못된 마음의 때를 벗기는 데
효과적인 것이다. 나아가 스트레스를 해소하기 위한 방법으로
명상이 많이 응용되고 있다. 우리의 육체와 정신은 둘이면서도
서로 연결되어 있는 하나이기 때문에 명상을 하게 되면 우리의
마음뿐만 아니라 신체에도 좋은 영향을 미친다.

그리고 명상은 자신의 마음을 고요하게 하며 외부의 자극으로
부터 영향을 받지 않고 마음을 평화로운 상태에 머물게 한다.
원래 우리의 마음 깊은 곳에 있는 평온은 세속에 대한 갈등이나
집착 때문에 숨겨져 있거나 가려져 있는데, 명상을 통하여 그
평온함을 되찾게 되는 것이다(김병채, 이순자, 1999). 명상은 마음
을 평화로운 상태에 있게 함으로써 참나를 발견하게 한다. 따라

서 명상은 자신을 사랑하는 방법이라고 할 수 있다.

방법에서는 다소 다르다고 하여도 기독교에서의 묵상이나 관상 또한 인간의 마음을 평온하게 하고 정화시켜주는 효과를 가지고 있다. 예를 들어 호흡을 의식하면서 지금 이 자리에 계시는 하느님을 생각한다. 이렇게 숨을 들이쉬고 내쉴 때에 공기 속에 계시는 하느님을 의식하면서 평화롭게 숨을 쉬는 것이다.

1) 마음챙김 명상(위빠사나 명상)

위빠사나 명상은 원래는 불교의 오래된 명상법이다. 그러나 불교의 교리와는 관계없이 누구나 경험을 통하여 자신의 존재를 알도록 하는 수행방법의 하나이다(김정빈, 1997). 위빠사나 명상은 마음챙김(mindfulness)이라는 용어를 사용하여 마음챙김 명상이라는 명칭으로 불리기도 한다.

마음을 챙기기 위해서는 순수한 관찰을 하여야 한다. 선입견이나 편견 혹은 자신의 욕구를 가지고 보는 것이 아니라 있는 그대로 또렷하게 관찰하는 것을 말한다. 마음챙김 명상의 대상은 자신의 몸에 대한 것, 자신의 감각에 대한 것, 생각에 대한 것, 감정에 대한 것 등을 관찰하는 것이다. 즉, 있는 그대로 자신의 모든 것을 보는 것이다. 마음챙김 명상은 일상생활을 하면서도 가능하다. 일상에서도 자신이 걸어가는 것, 밥 먹는 것, 세수하는 것, 옷 입는 것, 화장실에 가는 것, 자는 것 등을 관찰할 수 있다.

이러한 마음챙김 명상에서는 지금 여기에 자신이 온전히 존재하는 것이 중요하다. 자신의 몸이 있는 곳에 마음이 있도록 하는 것이다.

마음챙김의 훈련이 잘 진행되면, 대화를 하면서도 마음챙김이 이루어질 수가 있다. 이때 상대방이 이야기를 할 때에는 그 말을 정확하게 알아차리며, 자신의 이야기를 할 때에도 그 말을 정확하게 자기가 관찰할 수 있게 된다. 그리고 일상생활을 할 때에도 마음챙김이 끊임없이 지속되게 하면 자기를 통제할 수 있게 된다.

마음챙김 명상을 하게 됨으로써 주의집중력이 향상되고 창의력이 발휘된다. 호흡에 주의집중하고 자각함으로써 주의집중력이 향상되며, 자신의 잠재성을 방해하고 있는 요소들을 떨쳐버리기 때문에 창의력이 발휘될 수 있는 것이다. 사람은 누구나 자신의 마음 깊은 곳으로 내려가면 무한한 창의성을 발견할 수 있다.

마음챙김 명상은 지금 여기에 깨어나 자신의 행동과 마음을 관찰함으로써 습관적이며 자동적으로 행동하는 경향을 줄어들게 한다. 지금까지의 즉각적이고 자동적이며 충동적으로 행동하던 것에서 벗어나 의식적인 행동을 하게 되며, 현실을 있는 그대로 볼 줄 알게 된다. 나아가 자신을 객관적으로 보게 됨으로써 진정으로 자신에게 도움이 되는 행동이 무엇인지를 바로 알게 되고 자신을 손상시키고 고통을 주는 행동은 하지 않게 된다.

알코올이나 마약류 중독자들의 경우에는 특정한 사건, 사물, 사람을 만나게 되면 자동적으로 마약을 하려는 경향이 있기 때문에 마음챙김 명상훈련을 통하여 일상생활에서 마음의 작용과 현상을 있는 그대로 직시하는 것이 도움이 된다.

마지막으로 마음챙김 명상을 통하여 자기 자신을 객관적으로 볼 수 있게 된다. 자기 자신을 좀더 잘 이해하게 되며, 그 과정에서 여러 가지 습관화된 그릇된 사고 및 행동체계로부터 벗어나 심리적으로 성장하게 된다. 자기와 세계를 객관적으로 보게 됨으로써 더 이상 무익하게 자신을 괴롭히거나 세계를 자신의 욕망의 대상으로만 보지 않게 된다.

2) 수식관 명상(數息觀 瞑想; breath counting medication)

수식관 명상은 초보자도 쉽게 응용할 수 있는 호흡명상이다. 한자로 호흡을 뜻하는 息은 自+心=자기마음이라는 뜻이다. 호흡은 마음과 불가분의 관계에 있다. 마음이 불안하거나 긴장하면 호흡이 거칠어지게 되며 마음이 안정되면 호흡도 안정된다. 그러므로 호흡을 함으로써 마음의 조절이 가능하게 된다. 즉, 호흡을 바르게 조절함으로써 자신의 감정상태를 조절할 수 있게 된다(천강래, 1992; 황선정, 1998).

숨은 날숨과 들숨이 있는데 들어오는 숨은 체내에 산소를 공급함으로써 에너지의 근원이 되고 내쉬는 숨은 체내의 이산화탄소를 내보냄으로써 체내의 독소를 제거하므로 날숨을 길게 내쉴수록 독소를 많이 제거할 수가 있다.

호흡에는 흉식 호흡과 복식 호흡 등이 있는데, 복식 호흡을 해야 한다. 복식 호흡이란 어린이가 숨을 쉬듯이 배로 호흡하는 것이다.

자세를 취하는 데 가장 중요한 것은 등뼈를 세우는 것이다. 귀와 어깨는 일직선이 되어야 한다. 자세는 의자에 앉은 경우에

는 척추를 똑바로 세운다. 부드럽게 엉덩이를 뒤로 내민 듯 앉
아 척추를 곧추세우면 된다. 어깨의 긴장을 풀고 천장을 향하게
하며 뒷머리는 들어야 한다. 그리고 어깨를 반듯하게 펴준다.
이때 어깨가 너무 밑으로 처지거나 등쪽으로 밀려가지 않도록
한다. 왼손을 손바닥을 위로 하여 자연스럽게 내려놓는다. 그
위에 오른손 등을 놓고 두 엄지손가락을 가볍게 내려놓는다. 손
가락의 중간 마디를 포개고 엄지손가락을 가볍게 서로 맞물리게
하면 손이 타원형이 된다. 배꼽의 높이 근처에 엄지손가락을 놓
은 채, 손은 몸쪽으로 향하도록 해야 한다. 팔은 자유롭고 편하
게 하여야 한다. 그리고 몸으로부터 약간 떨어지게 해야 한다.
옆ㆍ뒤ㆍ앞으로도 기울어져서는 안 된다. 마치 머리로 하늘을
떠받치고 있는 것처럼 똑바로 곧추앉아 있어야만 한다. 이런 자
세를 취하게 되면 마음의 올바른 자세를 가질 수 있게 된다.

졸음을 능히 극복할 수 있다면 눈을 감는 것이 좋다.

숨을 마시면 아랫배가 볼록해지고 숨을 내쉬면 아랫배가 들어
가는데 이런 배의 움직임이나 느낌을 잘 집중해서 관찰한다. 숨
이 나갈 때마다, 아랫배가 들어갈 때마다 하나씩 숫자를 헤아린
다. 하나부터 열까지 헤아린다. 열까지 헤아린 다음에 다시 하
나부터 열까지 반복한다. 도중에 잡념이 생기거나 다른 생각이
나면 따라가지 말고 "아 내가 이런 생각을 하고 있었구나" 하고
알아차리면서 조용히 다시 숫자 하나로 되돌아와 시작한다.

마약류 및 알코올 중독자들이 약이나 술에 대한 갈망이 일어
날 때마다 자신의 호흡을 살펴보고 조절하는 호흡법을 훈련한다
면, 자신을 좀더 쉽게 통제할 수 있게 되며 나아가 중독으로부
터 해방될 수 있을 것이다.

제3장 자기사랑하기 프로그램

1. 마약류 중독자를 위한 자기사랑하기
   프로그램의 목적

2. 마약류 중독자를 위한 자기사랑하기
   프로그램의 특성

3. 자기사랑하기 프로그램의 실제

4. 자기사랑하기 프로그램의 효과

5. 자기사랑하기 프로그램 시행 후의
   소감문 내용

자기사랑하기 프로그램

마약류 중독자를 위한 자기사랑하기 프로그램은 1998년 국립 부곡병원에서 8회기 프로그램으로 필자에 의해 처음 개발되었다. 그 후 필자는 자기사랑하기 프로그램(박상규, 1998; 박상규 2002a)을 기본으로 하여 2002년 마약류 중독자를 위한 12회기 자기사랑하기 프로그램으로 수정·보완하였다. 프로그램은 1회기 90분으로 구성되어 있다.

1. 마약류 중독자를 위한 자기사랑하기 프로그램의 목적

마약류 중독자들이 자기를 이해하고 사랑하여 단약하도록 하는 데 있다.

2. 마약류 중독자를 위한 자기사랑하기 프로그램의 특성

본 프로그램은 마약류 중독자들이 자기를 이해하고 자기를 사랑하기 위하여 초월적 영성, 인본주의, 인지행동적 상담 그리고 현실요법 등의 이론을 기초로 하여 개발하였다.

개인들이 가지고 있는 긍정적인 면들을 많이 찾아보도록 하여 자존심을 향상시키도록 주제를 구성하였다. 자신이 마약을 하든 무엇을 하든 간에 참나는 신비하며 귀중한 존재임을 깨닫게 하였다.

자기사랑하기 프로그램에서는 매 회기 활동마다 영적이며 관찰자적인 자기를 강조하였다. 자신의 행동이나 생각 그리고 감정 등을 관찰하고 있는 초인지적 기능을 집중적으로 훈련하도록 하였다.

모든 참여자들은 발표자의 발표를 듣고 지금 여기에서 느끼는 감정과 생각을 솔직하고 자연스럽게 표현하여 서로를 이해하는 데 도움을 주기로 하였다(Yalom, 1985).

또 프로그램 시작 전후에 수식관 명상(數息觀; Breath-Counting Medication)을 사용하여 마약류 중독자들이 마음의 안정을 얻고 프로그램에 대한 준비를 하고 배운 것을 정리하는 데 도움이 되도록 하였다.

마음챙김 명상(위빠사나)을 가르쳐서 자신의 행동이나 생각, 감각을 관찰할 수 있도록 훈련하여 자신의 행동을 통제하는 데 도움을 주기로 하였다.

3. 자기사랑하기 프로그램의 실제

1) 프로그램의 진행절차

프로그램의 진행은 수식관 명상으로 시작된다. 첫 회기에서는 수식관 명상을 하는 방법에 대하여 자세하게 설명해주어야 한다. 먼저 방바닥에 앉아 있든지 의자에 앉아 있든지 간에 허리를 똑바로 세우고 앉도록 한다. 의자에 앉을 경우 등받이에 몸을 기대서는 안 된다. 그리고 몸에 힘을 빼고 자연스러운 자세로 앉는다. 숨은 가능한 배로 쉬게 한다. 숨을 내쉴 때는 배가 들어가고 숨을 들이쉴 때는 배가 나오도록 한다. 다음에는 숨을 내쉴 때마다 하나부터 열까지 숫자를 외우게 한다. 열까지 헤아린 다음에는 다시 하나부터 시작해서 열까지 반복한다. 도중에 다른 생각이 나서 숫자를 잃어버리게 될 경우에는 하나부터 다시 시작하도록 한다.

강의 내용은 주제에 맞추어 요약된 내용을 참고로 하되 융통성 있게 실시할 수가 있다. 마약류 중독자의 특성상 일방적 강의보다는 성원 스스로가 자신의 생각과 감정을 표현할 수 있도록 하는 것이 효과적이다.

활동에서는 주제 위주로 생각하고 정리하도록 한 다음 종이에 쓰게 한다. 글을 쓰는 것이 생각할 여유를 주게 하여 좋다. 그러나 글쓰기를 싫어하는 사람의 경우에는 글을 쓰지 않고 주어진 주제에 대해서 생각하도록 하되 내용은 그대로 발표하도록 한다. 중요한 것은 주제에 대해서 생각하는 시간을 갖는 데 있다.

참여자들은 지금 이 자리에서 느낀 자신의 감정을 솔직하게 표현하여 피드백을 주도록 하였다.

소감나누기는 매 회기를 마치면서 주제에 대해서 생각하며 발표한 내용을 중심으로 느낀 대로 이야기하는 시간이다. 돌아가면서 이야기를 하며 배운 내용과 자신의 감정을 정리하게 한다. 진행자는 발표자가 발표한 다음에 공감을 표시하고 다른 참여자의 피드백을 받도록 한다.

마지막 단계에서의 수식관 명상은 마음을 안정시키고, 배운 내용을 다시 정리하게 하며 집단상담시간 이외에서도 자신의 마음을 관찰하고 조정할 수 있게 한다. 그리고 진행자는 일상생활에서도 자신의 호흡을 관찰하듯이 자신의 몸에서 일어나는 감각이나 행동을 관찰할 수 있도록 하여 자신의 마음을 조절하는 데 도움을 주게 한다.

2) 각 회기별 주제

회기	주 제
1	자기사랑하기 프로그램에 대한 오리엔테이션 및 나는 누구인가?
2	나의 몸 보살피기
3	좋은 그림 찾기 및 자신의 장점 알아보기
4	자신의 진정한 욕구와 바람을 알고 계획 세우기
5	타인용서하기

6	자기용서하기
7	칭찬하기(타인과 자신의 장점 칭찬하기)
8	마약을 해서 잃게 되는 것과 마약을 하지 않음으로써 얻게 되는 것
9	스트레스 관리하고 새로운 즐거움 찾기
10	효율적인 대인관계
11	인생의 의미(내가 사는 이유)
12	자신의 미래상에 대한 심상화(10년 후의 나의 모습) 및 마무리

3) 프로그램의 운영

프로그램 진행자는 자신감을 가지고 프로그램을 운영하여야 한다. 가능한 한 모든 구성원이 적극적으로 참여할 수 있도록 해야 한다. 집단성원에 대하여 항상 긍정적인 태도를 지니고 진정한 관심을 가져야 한다. 비협조적이며 반항적인 태도에 흔들리지 않고 차분하며 친절하게 말하여야 한다. 모든 성원들이 서로가 가지고 있는 귀중한 품성을 보고 존중하도록 해야 한다.

프로그램을 시작하기 전에 철저한 준비를 해야 한다. 실수를 하여 집단 구성원에게 허점을 잡히지 않도록 노력하여야 한다. 주제에 대해서는 명확하게 요점만 간단히 말하는 것이 좋다.

진행자는 마약류 중독자로서 다루기보다는 귀한 품성을 가진 한 인간으로 보고 존중하는 마음을 가지고 대하여야 한다.

집단의 구성원은 10명 내외가 적당하다. 그러나 때에 따라서는 15명 정도도 가능하다고 본다. 만약에 인원수가 15명이나 그 이상 일 경우 진행 시간을 좀더 오래 잡으면 될 것이다.

가능한 한 참가한 모든 성원이 주제에 관련된 내용을 모두 발표할 수 있도록 해야 한다.

프로그램은 1주일에 1회 혹은 1주일에 2회가 적당하나 프로그램을 진행하는 장면에 따라서 이틀에 걸쳐 하든지 혹은 1주일에 4회씩 총 3주간에 걸쳐 진행하든지 융통성을 가지고 실시할 수가 있다.

프로그램은 모든 구성원이 1회부터 12회의 과정을 밟도록 하는 것을 원칙으로 하고 있으나 집단상담 장면에 따라서는 중간 회기에 시작하여 계속하여 나머지 12회기를 마칠 수가 있다.

프로그램이 끝난 다음에는 프로그램 시간 이외에 자신의 말과 행동을 관찰할 수 있도록 하는 마음챙김 명상법과 같은 것을 과제로 내주는 것이 중요하다고 본다.

마약류 중독자의 경우에는 자기에 대하여 생각해보고 발표하는 과정으로 된 프로그램의 진행에 대하여 처음에는 상당히 어색할 수 있다. 그러나 진행자가 인내심을 가지고 참여자를 계속 격려해주면 나중에는 프로그램에 잘 따라온다.

(1) 자기사랑하기 프로그램 오리엔테이션 및 나는 누구인가?

목 적

자기를 이해하고 자기를 사랑하는 것이 중요함을 알게 하는 데 있다.

강의 요약

〈자기사랑하기 프로그램에 대한 소개〉

이 세상에서 가장 소중한 것이 무엇인가? 돈, 보석, 명예, 권력, 쾌락, 가족, 친구 등이 있다. 그러나 이 모든 것들보다 더 중요한 것은 자기 자신이다. 자기가 있어야지 돈과 권력 그리고 쾌락을 누릴 수가 있다. 그렇기 때문에 무엇보다도 자기를 먼저 사랑해야 한다. 자기가 자기를 사랑하지 않는데, 남들이 자기를 사랑해주기를 기대할 순 없다. 그리고 내가 나 자신을 사랑하지 않으면서 남들을 바로 사랑하기는 불가능하다. 자신을 사랑해서 평온하고 만족스럽고 여유가 있으면 물이 넘치듯이 남에게 도움을 줄 수가 있다. 자기를 사랑하지 않으면 남들을 도와주려고 해도 결국은 이기적이 되고 남에게 피해를 주게 되는 경우가 많다.

먼저 내가 누구인가를 생각해보자. 참나와 일시적으로 일어나는 나의 감정이나 나의 생각을 구분하여야 한다. 지금 나에게 일어나는 생각이나 감정은 나로부터 나왔지만 진정한 나의 모습은 아닌 것이다. …… 우리의 본성은 하느님과 가까운 것이다. 참나는 무한한 잠재력을 가지고 있으며 신비하고 아름다운 사랑 그 자체이다.

마약을 하거나 혹은 그보다도 더 나쁜 일을 하더라도 나의 행동이 나쁜 것이지 전체적인 나, 참나가 나쁜 것은 아니다. 참나는 무한하고 신비한 것이다. 참나는 이 세상의 무엇보다도 귀중한 보석이며 무한한 잠재력을 가진 존재이다.

우리는 하느님의 모상대로 창조되었다. 우리 각자는 마음 안에서 하느님을 모시고 사는 성스러운 존재이다. 불교에서는 중생들을 깨닫지 못한 부처라고 한다. 자신이 귀중하며 사랑스럽다는 것을 깨달아야 한다. 누구나 자기가 이 세상에서 가장 귀중한 존재라는 것을 알아야 한다.

내 마음은 하느님이 사시는 성전이다. 자기의 참모습을 보게 될 때 내 마음 속에서 하느님을 더 잘 느낄 수 있으며 또한 다른 사람의 마음 속에 있는 하느님을 만날 수가 있다. 참나에 대한 사랑과 하느님에 대한 사랑 그리고 이웃에 대한 사랑은 다른 것이 아니다. 있는 그대로의 자신을 사랑하고 존중하는 만큼 이웃을 사랑하고 존중할 수 있으며 하느님을 올바로 만날 수가 있는 것이다.

지금 이 시간에는 나는 무엇인가를 생각하는 시간을 갖도록 하자. 우선 자신의 신체적 특성이나 성격 특성, 능력, 대인관계 등을 기술하되 가능한 긍정적이며 좋은 점을 중심으로 기술하도록 한다. 참나는 지금 자신이 볼 수 있는 것보다 훨씬 더 크고 위대하다는 것을 알아야 한다.

나는 무엇인가에 대하여 생각하기 어려운 사람의 경우에는 다음의 〈표 1〉을 사용해서 기입해도 된다.

〈표 1〉 나는 누구인가?

나는 _____ 이다.
나는 _____ 이다.
나는 _____ 이다.
나는 _____ 이다.
나는 _____ 이다.
나는 _____ 이다.
나는 _____ 이다.
나는 _____ 이다.
나는 _____ 이다.
나는 _____ 이다.
나는 _____ 이다.
나는 _____ 이다.
나는 _____ 이다.
나는 _____ 이다.
나는 _____ 이다.
나는 _____ 한다.
나는 _____ 한다.
나는 _____ 한다.
나는 _____ 한다.
나는 _____ 한다.

진행절차

① 수식관 명상
② 참여자들에게 진행자를 소개한 다음 돌아가면서 자기소개를 간단히 하게 한다. 별칭짓기를 한다. 자기 스스로 자신에게 귀중하며 마음에 드는 이름을 지어준다.
③ 주제와 관련된 강의
④ 강의가 끝난 다음에 참가자들은 "나는 ~이다" 라는 형식으로 자신의 신체적 특성, 성격적 특성, 대인관계, 정서와 같은 자신의 특성을 생각하고 종이에 기록한다. 가능한 한 긍정적인 면과 장점을 많이 생각하도록 한다.
⑤ 참여자들이 자기가 쓴 내용을 돌아가면서 모두가 발표하도록 한다. 만약에 글을 쓰는 데 익숙하지 않은 참여자가 있다면 종이에 글을 쓰는 것 대신 자신의 생각을 발표하도록 한다.
⑥ 참여자들은 발표자가 발표한 내용을 듣고 느낀 감정이나 생각을 솔직하게 표현하도록 한다.
⑦ 소감발표시간에는 활동을 통하여 배운 것과 느낀 것을 돌아가면서 발표한다.
⑧ 진행자는 영적이며 관찰자적인 자기를 강조한다. 참나는 평소에 생각하고 있는 자기보다도 훨씬 더 크고 위대하고 신비스러운 존재임을 깨닫게 한다. 영적이며 관찰자적인 자기를 강조한다.
⑨ 수식관 명상

(2) 나의 몸 보살피기

목 적

자기를 사랑하기 위해서는 먼저 자신의 몸을 이해하고 소중하게 생각하여 잘 보살펴주는 것이 중요하다는 것을 알게 한다.

강의 요약

나를 살아 있게 하고 지탱해주는 것 중에 가장 고마운 것이
있다면 나의 몸이다. 자기에 대한 사랑은 자기 몸을 사랑하는
것으로부터 시작해야 한다. 나의 몸은 나를 위해서 많은 것을
해주고 있다. 내 몸이 소중하기 때문에 내 몸을 살펴보고 잘 보
살피도록 하자. 먼저 몸의 각 부분이 나에게 무엇을 이야기하는
지, 무엇을 요구하는지를 귀 기울여서 들어보자. 그리고 몸의
요구에 대하여 내가 무엇을 해줄 것인가를 생각하는 시간을 갖
도록 하자.

눈이 무겁고 침침하여 쉬기를 바란다면 잠시 동안 눈을 사용
하지 않고 좀 쉬도록 하자. 자신의 위장이 음식 때문에 부담을
느끼고 있다면 위장을 위해서 음식을 줄이도록 하자. 적당한
휴식이나 운동 그리고 비타민이나 영양분의 섭취가 필요할 수
있다.

자신의 몸이 자기에게 말하는 소리를 예민하게 들어보는 시간
을 갖고 몸이 바라는 바를 적극적으로 들어줄 계획을 세우고 행
하도록 하는 것이 진정으로 자기를 사랑하는 것이다.

진행절차

① 수식관 명상
② 주제와 관련된 강의 → 자신의 몸을 돌보아야 하는 이유에 대해서 강
   의한다.
③ 머리부터 발끝까지 자기 몸의 각 부분에 집중하고 몸의 각 부분이 말
   하고 있는 것을 듣는다.
④ 몸이 바라는 것을 구체적으로 어떻게 들어줄 것인가를 계획하고 이것

을 종이에 적고 발표하게 한다.
⑤ 참여자들은 발표자가 발표한 내용을 듣고 느낀 감정이나 생각을 솔직
  하게 표현하도록 한다.
⑥ 소감발표시간에는 활동을 통하여 배운 것과 느낀 것을 돌아가면서 발
  표한다.
⑦ 진행자는 영적이며 관찰자적인 자기를 강조한다. 참나는 평소에 생각
  하고 있는 자기보다도 훨씬 더 크고 위대하고 신비스러운 존재임을 깨
  닫게 한다.
⑧ 수식관 명상

---

(3) 좋은 그림 찾기 및 자신의 장점 알아보기

목 적

자신이 가지고 있는 귀중함과 장점을 알아봄으로써 자기를 사
랑하게 하는 데 있다.

강의 요약

누구나 자기의 마음 속에 소중히 간직하고 있는 질적 세계가
있다. 〈그림 9〉와 같이 자신에게 귀중한 사람들, 아름다운 추억
들, 소중한 물건들, 정말 자랑할 만한 가치관 그리고 자신의 귀
중한 특성과 장점과 같은 것을 가지고 있다. 자신에게 귀중한
이런 좋은 그림들은 앞으로 자신이 나아가야 할 방향을 제시하
며 삶에 활력을 준다.

지금 이 시간에는 자신의 마음 속에 지니고 있는 귀중한 보석
들을 다시 꺼내어 살펴보도록 하자. 자신이 소중하게 생각하는
가치관이나 추억들이나 귀중한 장점과 같은 보석을 가슴에 안고
서 살아간다는 것은 고통스러운 현실을 이겨낼 용기를 준다.

자신이 평소에 생각하지 않았던 보물들도 다시 한 번 살펴보는 것이 중요하다. 좋은 기억이나 아름다운 추억 그리고 귀중한 사람들을 생각하게 하는 것은 우리를 따뜻하고 포근하게 하며 내일에 대한 희망을 준다. 그리고 내가 어떻게 살아야 할 것인가 하는 방향을 제시해준다.

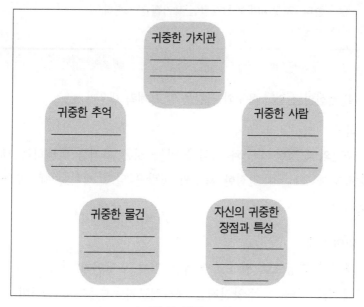

〈그림 9〉 좋은 그림

진행절차

① 수식관 명상

② 주제와 관련된 강의

③ 자기의 머릿속에 있는 귀중한 사람, 귀중한 사물, 귀중한 추억, 귀중한 가치관, 그리고 자신이 귀중하게 생각하고 있는 자신의 특성과 장점을 생각하고 종이에 적는다(〈그림 9〉).

④ 다음에 이것을 발표하게 한다.
⑤ 참여자들은 발표자가 발표한 내용을 듣고 느낀 감정이나 생각을 솔직하게 표현하도록 한다.
⑥ 소감발표시간에는 활동을 통하여 배운 것과 느낀 것을 돌아가면서 발표한다.
⑦ 진행자는 영적이며 관찰자적인 자기를 강조한다. 참나는 평소에 생각하고 있는 자기보다도 훨씬 더 크고 위대하고 신비스러운 존재임을 깨닫게 한다. 영적이며 관찰자적인 자기를 강조한다.
⑧ 수식관명상

(4) 자신의 진정한 욕구와 바람을 알고 계획 세우기

목 적

자신의 진정한 욕구와 바람을 아는 것은 자기를 이해하는 데 중요하다. 자신의 진정한 욕구와 바람을 알고 계획을 세우도록 한다.

강의 요약

자신이 진정으로 원하고 바라는 것이 무엇인지, 자신이 이루고자 하는 목표가 무엇인지를 생각해보자. 지금까지 자신이 무엇을 추구하면서 살아왔는지를 다시 한 번 생각하고 정리해보자. 자신이 무엇을 원하는지를 잘 모르는 사람도 있다. 그렇다면 지금 이 시간에 자신이 정말로 원하는 것이 무엇인지를 생각해보도록 하자.

다음에는 자신이 바라는 욕구를 충족시키기 위하여 지금 자신이 어떻게 행동해야 하는지를 생각하고, 구체적인 계획을 짜도록 한다. 자신의 목표를 이루기 위해서 지금 자신은 무엇을 해야 하는가? 그리고 무엇을 하지 말아야 하는가?를 생각하자.

지금 자신이 하는 행동들은 자신이 바라는 목표를 이루기 위해서 도움이 되는 행동인가 아닌가를 다시 한 번 생각해보아야 한다. 그리고 자신이 가지고 있는 바람은 현실적으로 가능한 바람인가를 생각해보자.

지금 내가 하는 행동이 정말로 나 자신에게 도움이 되지 않는다면 당장 고쳐나가야 한다. 특히 마약류 남용이나 도박, 게임이나 섹스남용 등은 순간적 만족이나 쾌감을 줄지 몰라도 장기적으로 보아서 자신에게 고통과 죽음을 안겨주는 것이다. 우리는 무엇보다도 장기적 목표를 이루도록 노력해야 한다. 비록 지금 힘이 들고 포기하고 싶더라도 용기를 가지고 이겨내야 한다. 바라는 것이 언제가 이루어진다는 확신을 가지고 끝까지 노력해야 한다. 정말 자신이 원하는 것이 무엇인지를 항상 생각해가면서 희망을 잃지 않고 노력하게 되면 언젠가는 원하는 것을 얻을 수 있다.

어떤 사람은 "나에게는 내일도 없고 바라는 바도 없다"고 절망하고 있을 수도 있다. 그러나 그 사람의 경우에도 자신이 무엇 때문에 좌절하게 되었는지를 알게 되면 그 사람의 진정한 욕구를 알 수가 있다. 좌절한 내용이 자기의 욕구와 관련되기 때문이다.

혹시 계획이 실패하더라도 변명하거나 남의 평계를 대거나 혹은 자신을 비난하지 말고 용기를 내서 다시 계획을 짜야 한다. 인생이 아무리 힘들어도 그리고 자신이 어리석어 보여도 궁극적으로 자신만이 자기의 행동에 대한 책임을 질 수 있다. 내 인생은 여기 이 자리에서 내가 결정하고 내가 책임져야 한다. 특히 어렵고 갈등 상황일 때 내가 진정으로 원하는 것이 무엇인지를 생각해보자. 나의 목표가 무엇인가를 한 번 생각해보아야 한다. 그리고 지금 나의 행동이 내가 바라는 목표를 이루는 데 있어서 바람직한 행동인가? 아닌가를 다시 한 번 생각해보아야 한다. 만약에 나의 행동이 정말 자신에게 도움이 되지 않는다면 바로 고쳐나가야 한다. 비록 우리가 힘들어서 술이나 약과 같은 어떤 외부적인 물건이나 다른 사람에게 의지하거나 현실을 도피하고 싶더라도 포기하지 말고 자신의 목표에 초점을 잃지 말아야 한다. 자신을 저버리게 하는 모든 것을 이겨내야 한다. 정말 자신이 원하는 것이 무엇인지를 다시 생각하고 그에 맞게 행동하면 자신이 원하는 것을 얻을 수 있다.

진행절차

① 수식관명상
② 주제와 관련된 강의
③ 내가 진정으로 무엇을 원하는지 생각해본다. 내가 진정으로 원하는 것을 충족하기 위해서 구체적으로 무엇을 해야 하는지 무엇을 해서는 안되는지를 생각한 다음에 종이에 적는다.
④ 다음에 이것을 발표하게 한다.
⑤ 참여자들은 발표자가 발표한 내용을 듣고 느낀 감정이나 생각을 솔직하게 표현하도록 한다.
⑥ 소감발표시간에는 활동을 통하여 배운 것과 느낀 것을 돌아가면서 발표한다.
⑦ 진행자는 영적이며 관찰자적인 자기를 강조한다. 참나는 평소에 생각하고 있는 자기보다도 훨씬 더 크고 위대하고 신비스러운 존재임을 깨닫게 한다.
⑧ 수식관명상

(5) 타인 용서하기

목 적

타인 용서하기를 통하여 상처받은 감정의 굴레에서 벗어나 현실에 잘 적응하도록 한다.

강의 요약

용서는 인간관계를 본래의 상태로 회복시키는 것이다. 용서는 마음 안에서 불타고 있는 뜨거운 불덩이를 밖으로 내다버리는 것과 같다. 그래서 용서는 빠를 수록 자신에게 좋은 것이다.

용서는 과거의 아픈 경험을 다시 한 번 경험하여 직면하고 재해석함으로써 상처를 치료받는 것이다. 다른 사람이 자신에게 실수하였거나 나쁘게 한 것을 알고 용서함으로써 사람은 정말 더 강해질 수가 있다.

대부분의 사람들은 주로 가까이에 있는 사람들로부터 많은 상처를 받는다. 함께 하는 시간이 많고 상대방에게 그 만큼 더 기대하기 때문이다. 상대방에 대한 기대가 클수록 실망과 좌절감이 클 수밖에 없다.

상처받은 경험을 치유하기 위해서는 그런 경험과 관련된 생각이나 감정을 억압하지 말고 그대로 표현하는 것이 좋다. 상처받은 경험을 떠올려보며 그 당시의 자신의 감정이나 신체적 상태를 다시 느껴보고 표현하는 것이 자신의 정신적 · 심리적 건강에 도움이 된다.

〈표 2〉 용서하기를 사용하는 것도 좋은 방법이다.

⟨표 2⟩ 용서하기

나는 아버지의 _____ 를 용서합니다.

나는 아버지의 _____ 를 용서합니다.

나는 아버지의 _____ 를 용서합니다.

나는 아버지의 _____ 를 용서합니다.

나는 아버지의 _____ 를 용서합니다.

나는 아버지의 _____ 를 용서합니다.

나는 아버지의 _____ 를 용서합니다.

나는 어머니의 _____ 를 용서합니다.

나는 어머니의 _____ 를 용서합니다.

나는 어머니의 _____ 를 용서합니다.

나는 어머니의 _____ 를 용서합니다.

나는 어머니의 _____ 를 용서합니다.

나는 어머니의 _____ 를 용서합니다.

나는 어머니의 _____ 를 용서합니다.

나는 어머니의 _____ 를 용서합니다.

나는 _____ 의 _____ 를 용서합니다.

나는 _____ 의 _____ 를 용서합니다.

나는 _____ 의 _____ 를 용서합니다.

나는 _____ 의 _____ 를 용서합니다.

나는 _____ 의 _____ 를 용서합니다.

진행절차

① 수식관 명상
② 주제와 관련된 강의
③ "나는 아버지의＿＿＿＿를 용서합니다"와 같은 내용이 적힌 미완성 문장지를 주고 기록하게 한다. 아버지와 어머니 그리고 나에게 상처를 준 사람과 사건을 재경험하게 하고 그런 상처를 털어내고 용서하게 한다.
④ 참여자가 발표하게 한다. 빈 의자 기법이나 역할연기법을 사용할 수 있다.
⑤ 참여자들은 발표자가 발표한 내용을 듣고 느낀 감정이나 생각을 솔직하게 표현하도록 한다.
⑥ 소감발표시간에는 활동을 통하여 배운 것과 느낀 것을 돌아가면서 발표한다.
⑦ 진행자는 영적이며 관찰자적인 자기를 강조한다. 참나는 평소에 생각하고 있는 자기보다도 훨씬 더 크고 위대하고 신비스러운 존재임을 깨닫게 한다.
⑧ 수식관 명상

(6) 자기 용서하기

목 적

자기가 자기에게 혹은 남에게 잘못한 사건을 재경험하여 그러한 감정으로부터 해방되어 현실에 잘 적응할 수 있도록 하고 자신을 좀더 사랑하도록 하는 데 있다.

강의 요약

누구나 다른 사람에 대한 기대감을 가지고 있듯이 자신에 대한 기대 또한 가지고 있다. 자신이 바라는 대로 자신의 행동이 따르지 못할 때 실망감과 좌절감을 가지게 된다. 스스로에게나 남에게 실수를 하였을 때 자신을 책망하고 후회를 하게 된다. 그러나 자기를 비난하는 것은 때때로 자신에게 불쾌한 멍에를 씌우는 역할을 하기도 한다.

비록 살아가면서 실수한 일이 있더라도 자신을 용서해야 한다. 하느님이 우리를 용서하듯이 우리도 우리 자신을 용서하여야 한다. 실수를 책망하기보다는 실패를 통하여 배우려는 자세가 중요하다. 자신을 비난하고 책망하는 것이 자신에게 무슨 도움이 되겠는가? 지금 여기서 과거 자신이 실수하였던 사건을 생각하고 그 당시의 감정을 느껴보고 이해하고 용서하는 시간을 갖자. 돌이켜 보면 과거 내가 저지른 행동이 어리석었고 잘못되었지만, 그 당시에는 나름대로는 최선의 선택이었을 수도 있다는 것을 알아야 한다. 자신을 비난하는 것은 앞으로 자기의 행동을 올바르게 하는 데도 도움이 되지 않는다. 자신의 행동이 어리석었다는 것이지 참나가 어리석고 실수한 것이 아니다. 나의 일부일 수도 있지만 참나와 자기의 실수를 동일시해서는 안 된다. 자존심을 상하게 하였던 자신의 단점이나 실수 그리고 자신을 학대하거나 남에게 상처를 준 사건들에 대하여 생각해보고 그때의 감정을 이해하고 너그럽게 용서하는 시간을 갖는 것은 나를 사랑하기 위하여 중요한 것이다. 나의 신체, 나의 마음, 나의 영혼에 대하여 잘못한 것이 있으면 그 당시의 나의 감정을 알아보고 이해하고 너그럽게 용서하도록 하자. 그리고 내가 다른 사람에게 상처를 입히거나 바람직하지 못한 행동을 하여 후회한다면, 지금 그런 자기를 이해해주고 용서하도록 하자. 자기는 사랑받을 만한 위대한 존재이며 감사해야 할 존재이다.

〈표 3〉에는 나를 용서하기에 대한 미완성 문장이 있다. 이 문

장을 완성하는 방법을 통해서 지난 날의 자신의 행동에 대해서
용서할 수 있다.

진행절차

① 수식관 명상
② 주제와 관련된 강의
③ "나는 나의____를 용서합니다"로 된 내용의 미완성된 문장을 완성한
   다. 내가 다른 사람에게 상처를 준 사건을 재경험한다. 그 당시의 내
   감정을 그때의 신체적 느낌과 같이 느껴본 다음에 이를 종이에 적을
   수도 있다.
④ 다음에 이러한 감정을 표현하고 자신을 용서하도록 한다. 필요한 경우
   빈 의자 기법이나 역할연기법을 사용할 수 있다.
⑤ 참여자들은 발표자가 발표한 내용을 듣고 느낀 감정이나 생각을 솔직
   하게 표현하도록 한다.
⑥ 소감발표시간에는 활동을 통하여 배운 것과 느낀 것을 돌아가면서 발
   표한다.
⑦ 진행자는 영적이며 관찰자적인 자기를 강조한다. 참나는 평소에 생각
   하고 있는 자기보다도 훨씬 더 크고 위대하고 신비스러운 존재임을 깨
   닫게 한다.
⑧ 수식관 명상

〈표 3〉 나를 용서하기

나는 나의 _____ 를 용서합니다.

나는 나의 _____ 를 용서합니다.

나는 나의 _____ 를 용서합니다.

나는 나의 _____ 를 용서합니다.

나는 나의 _____ 를 용서합니다.

나는 나의 _____ 를 용서합니다.

나는 나의 _____ 를 용서합니다.

나는 나의 _____ 를 용서합니다.

나는 나의 _____ 를 용서합니다.

나는 나의 _____ 를 용서합니다.

나는 나의 _____ 를 용서합니다.

나는 나의 _____ 를 용서합니다.

나는 나의 _____ 를 용서합니다.

나는 나의 _____ 를 용서합니다.

나는 나의 _____ 를 용서합니다.

나는 나의 _____ 를 용서합니다.

(7) 칭찬하기(타인과 자신의 장점 칭찬하기)

목 적

다른 사람을 칭찬하는 것은 상대를 기분 좋게 하고 자존심을 높여주며 대인관계를 원만하게 한다. 칭찬을 통하여 자존심을 향상시키고 자기를 사랑하게 하여 단약하려는 의지를 가지게 한다.

강의 요약

평소에 알고 있는 다른 사람의 성격이나 대인관계, 특성 등에
대하여 칭찬하도록 한다. 그리고 자신에 대하여도 칭찬하는 시
간을 갖자.

칭찬은 대인관계를 좋게 한다. 다른 사람을 칭찬함으로써 상
대방도 기분이 좋아지고 나 역시 상대적으로 기분이 좋아지게
되어 대인관계가 부드럽게 된다.

칭찬을 할 때는 사실에 근거해서 하고 구체적으로 해야 한다.
"누가 성격이 좋다"고 말하는 대신에 "누가 다른 사람의 입장을
잘 배려한다"고 말하며 "잘 생겼다"고 말하는 대신에 "눈이 아
름답고 전체적으로 얼굴이 균형 잡혀 있다" 등으로 구체적으로
이야기하는 것이 좋다.

다음에 자기가 자신에 대하여 칭찬하는 시간을 갖도록 한다.
다른 사람으로부터 칭찬받은 내용을 포함해서 자신이 자기에 대
하여 칭찬한다. 자신을 칭찬한다는 것에 어색해하는 사람이 있
으나 어디까지나 훈련의 일종이라 생각하고 칭찬하도록 한다.

남을 비난하는 사람은 사실 자기 마음 속에는 같은 내용의 문
제나 결점이 있을 수가 있다. 마찬가지로 다른 사람을 칭찬하는
사람에게는 자신에게도 남을 칭찬하는 그러한 장점이 숨겨져 있
다. 그래서 남을 칭찬하는 사람 본인에게도 그러한 장점을 가지
고 있다고 보아야 한다. 다른 사람의 마음 속에 있는 보석은 내
마음 속에 있는 보석의 눈으로밖에 볼 수가 없다. 그래서 자신
이 장점이라고 생각하는 내용과 다른 사람으로부터 칭찬받은 내
용 그리고 다른 사람을 칭찬한 내용을 포함해서 자신에게는 무
한한 장점이 있다는 것을 알아야 한다.

진행절차

① 수식관 명상
② 주제와 관련된 강의
③ 참여자들은 참여한 타인들 중에 아는 사람들의 장점을 종이에 적게 한다.
④ 발표하게 한다.
⑤ 참여자들은 발표자가 발표한 내용을 듣고 느낀 감정이나 생각을 솔직하게 표현하도록 한다.
⑥ 자신의 장점을 종이에 적게 한다.
⑦ 발표한다.
⑧ 참여자들은 발표자가 발표한 내용을 듣고 느낀 감정이나 생각을 솔직하게 표현하도록 한다.
⑨ 소감발표시간에는 활동을 통하여 배운 것과 느낀 것을 돌아가면서 발표한다.
⑩ 진행자는 영적이며 관찰자적인 자기를 강조한다. 참나는 평소에 생각하고 있는 자기보다도 훨씬 더 크고 위대하고 신비스러운 존재임을 깨닫게 한다.
⑪ 수식관 명상

(8) 마약으로 해서 잃는 것과 마약을 하지 않음으로써 얻게 되는 것

목 적

마약을 함으로써 얻는 것보다도 마약을 함으로써 잃는 것이 훨씬 많고 고통스럽다는 것을 알게 하여 궁극적으로 단약하려는 동기를 가지게 하는 데 있다.

강의 요약

마약을 통하여 우리는 일시적이나마 마음이 안정되고 기분이 좋아지고 성적 쾌감이 높아지게 된다. 그러나 마약을 함으로써 건강이 나빠지고 피해의식이 생기고 성격이 황폐해지고 가정이 파탄되며 경제적 손실이 많아지고 직장생활이나 대인관계가 어렵게 된다.

마약을 함으로써 엄청난 손실과 고통을 받게 된다는 것을 알아야 한다. 마약을 하는 것과 마약을 하지 않는 것 중에서 어느 것이 나에게 이득이 될 것인가를 생각해보는 것이 중요하다. 특히 "마약을 하지 않아도 나에게 이득될 것이 없다"는 생각이 얼마나 왜곡된 생각이며 무서운 것인가를 알아야 한다.

진행절차

① 수식관 명상
② 주제와 관련된 강의
③ A4용지를 반으로 접어 한쪽에는 마약을 함으로써 얻게 되는 것을 적게 하고 다른 쪽에는 마약을 함으로써 잃게 되는 것을 종이에 적게 한다.
④ 다음에 적은 내용을 발표하게 한다. 진행자는 마약을 함으로써 잃게 되는 것이나 고통스러운 것이 훨씬 많음을 알게 한다.
⑤ 참여자들은 발표자가 발표한 내용을 듣고 느낀 감정이나 생각을 솔직하게 표현하도록 한다.
⑥ 소감발표시간에는 활동을 통하여 배운 것과 느낀 것을 돌아가면서 발표한다.
⑦ 진행자는 영적이며 관찰자적인 자기를 강조한다. 참나는 평소에 생각하고 있는 자기보다도 훨씬 더 크고 위대하고 신비스러운 존재임을 깨닫게 한다.
⑧ 수식관 명상

(9) 스트레스 관리하고 새로운 즐거움 찾기

목 적

스트레스를 적절히 관리하여 새로운 즐거움을 찾도록 하여 마약류 중독자들이 마약에 대한 생각을 줄일 수 있도록 하는 데 있다.

강의 요약

스트레스는 다양한 신체적 증상을 일으키고 있다. 피할 수 있다면 스트레스를 받을 만한 상황을 미리 피하는 것이 좋으나 살아가면서 어차피 스트레스는 생기기 마련이다.

스트레스를 받을 경우에는 스트레스를 효과적으로 잘 해결할 수 있어야 한다. 스트레스가 일어날 때마다 대처할 전략을 미리 가지고 있으면 스트레스를 쉽고 빨리 극복할 수가 있다.

스트레스를 해결할 준비가 되어 있지 않으면 스트레스 상황에서는 더욱 불안해하고 지난 날의 방식대로 충동적으로 행동하게 된다.

스트레스를 해결하는 방법에는 자기의 생각이나 감정을 있는 그대로 바라보기, 생각 다르게 하기, 생각 멈추기, 근육이완, 심상법, 취미생활, 명상, 행동 바꾸기, 환경 바꾸기 등이 있다. 자신에게 가장 효과적인 방법을 사용하여 스트레스를 해결하는 것이 중요하다.

진행절차

① 수식관 명상
② 주제와 관련된 강의
③ 진행자는 참여자들이 주로 어떠한 경우에 스트레스를 받았으며 지금
   까지 스트레스를 어떻게 해결하였는지를 생각하고 종이에 적게 한다.
④ 적은 내용을 발표한다.
⑤ 앞으로는 스트레스를 받을 때 구체적으로 어떻게 해결할 것인지를 생
   각하게 하며 아울러 마약이외에 자신에게 즐거움을 줄 수 있는 대안을
   찾아보도록 하고 이를 종이에 적는다.
⑥ 다음에 이것을 발표하게 한다. 진행자는 마약을 함으로써 잃게 되는
   것이나 고통스러운 것이 훨씬 많음을 알게 한다.
⑦ 참여자들은 발표자가 발표한 내용을 듣고 느낀 감정이나 생각을 솔직
   하게 표현하도록 한다.
⑧ 소감발표시간에는 활동을 통하여 배운 것과 느낀 것을 돌아가면서 발
   표한다.
⑨ 진행자는 영적이며 관찰자적인 자기를 강조한다. 참나는 평소에 생각
   하고 있는 자기보다도 훨씬 더 크고 위대하고 신비스러운 존재임을 깨
   닫게 한다.
⑩ 수식관 명상

(10) 효율적인 대인관계

목 적

단약에 도움을 줄 수 있는 지지자를 찾아보고 그 사람에게 협
조를 요청하는 것과 마약을 거절할 수 있는 사회기술을 배우는
데 있다.

강의 요약

마약을 그만 하려고 마음을 먹다가도 누군가로부터 약을 권유받게 되면 다시 투약할 가능성이 많다.

마약을 하지 않기 위해서는 마약을 권유받을 만한 장소와 사람을 일찌감치 피해버리는 것이 가장 좋은 방법이다. 연락을 끊고 전화번호를 바꾸고 이사를 가야 한다.

갈등이 일어날 때는 숨을 몇 번 크게 내쉰 다음 마약과 관계없는 장소나 사람이 있는 곳으로 과감하게 발을 옮겨야 한다.

만약에 약을 권유받았을 때는 자신감을 가지고 단호하게 거절해야 한다. 마약을 권유할 경우에는 망설이지 말고 자신감 있게 상대방의 눈을 쳐다보면서 단호한 목소리로 "안돼"라고 말한다. 그리고 가능한 한 그 자리를 빨리 피하는 것이 좋다. 궁극적으로 그것이 자신과 그 사람을 함께 살리는 길이다.

또 내가 단약하는 데 힘이 될만한 사람이 누구인가를 알아보자. 나의 가족이나 친구 그리고 N.A.그룹, 병원, 주치의 등의 이름과 연락처를 적고 필요할 경우에 연락을 취하여 도움을 받도록 하여야 한다.

진행절차

① 수식관 명상
② 주제와 관련된 강의
③ 앞으로 단약을 하는 데 도움을 주고 지지해줄 사람이 누구이며 그 사람을 어떻게 만나서 어떤 협조를 구할 것인가를 생각하여 종이에 적는다.
④ 참가자들이 발표하게 한다.

⑤ 주로 참가자가 약을 권유받는 상황이 어떠한 것이며 약을 권유하는 사
   람이 누구인지를 생각한 다음에 앞으로 그런 상황과 사람을 어떻게 피
   하고 어떤 방법으로 거절할 것인가를 궁리하고 적는다.
⑥ 발표한다. 필요한 경우 역할 연기를 시행한다. 평소에 마약을 권유
   하는 사람이 약을 권하고 있는 상황을 설정한 후에 거절하기를 연습
   한다.
⑦ 참여자들은 발표자가 발표한 내용이나 역할 연기를 보고 느낀 감정이
   나 생각을 솔직하게 표현하도록 한다.
⑧ 소감발표시간에는 활동을 통하여 배운 것과 느낀 것을 돌아가면서 발
   표한다.
⑨ 진행자는 영적이며 관찰자적인 자기를 강조한다. 참나는 평소에 생각
   하고 있는 자기보다도 훨씬 더 크고 위대하고 신비스러운 존재임을 깨
   닫게 한다.
⑩ 수식관 명상

---

(11) 인생의 의미(내가 사는 이유)

목 적

인간은 실험실의 생쥐와 같이 쾌락을 얻기 위하여 지렛대를
계속 누르고 있는 동물이 아니라는 것을 자각하게 한다. 자신이
살아야 하는 이유와 의미를 생각하는 것은 삶을 새로운 각도에
서 바라보게 하고 단약하려는 욕구를 가지게 한다.

강의 요약

유명한 생리심리학의 실험이 있다. 동물의 뇌부위를 전기적으
로 자극할 때 행동상으로 나타나는 효과를 알아본 실험이 있다.
쥐의 뇌 변연계 중격핵에 전기 자극을 가하게 되자 쥐가 지렛대
누르는 것을 학습할 수 있었다. 쥐가 음식이나 이성과의 관계도

거부한 채 대뇌의 전기 자극만 계속 받으려고 하였다. 마약을 하려는 것은 위의 실험에서 쥐가 대뇌의 전기 자극을 받으려고 마냥 지렛대를 누르고 있는 것과 흡사하다. 쥐가 전기 자극을 받기 위하여 지렛대를 한없이 누르듯이 마약류 중독자는 대뇌의 보상 중추나 쾌감 중추에 자극을 받기 위하여 마약을 사용하는 것이다(뇌 모형이나 그림을 제시하면서). 쥐가 자극을 받기 위하여 지렛대를 누르는 것과 인간이 쾌감을 얻기 위하여 주사를 맞는 행동간에는 어떤 차이가 있는가? 그러나 인간은 막연히 외부 자극을 추구하기만 하는 쥐와 같은 존재는 아니다.

미약을 추구하는 것, 쾌감을 얻는 것 이외에 우리가 살아가야 할 이유가 전혀 없는 것일까?

나의 인생의 의미나 목표가 무엇일까? 사람은 각자가 자신의 인생의 의미나 목적을 꼭 가지고 있어야 한다. 인생의 목적이나 목표가 없이는 내가 앞으로 나아가지 못한다. 각자는 자신의 목적을 이루기 위해서 노력해야 한다.

하느님께서 나를 만드신 이유가 무엇인지 생각해보자. 내가 살아야 되는 이유가 무엇인가를 알아보자. 제2차 세계대전 중 빅터 프랭클이라는 유대인 정신과 의사는 자기의 가족들 대부분이 유대인 수용소에서 죽는 것을 보았다. 그 당시에 그는 자신이 과연 살아남아야 할 이유가 있는가? 있다면 무엇인가?를 생각하게 되었다. 빅터 프랭클 자신의 경험이 유명한 의미 요법을 만들게 된 것이다. 내가 죽지 않고 꼭 살아야 된다면, 그 이유는 무엇 때문인가를 다시 한 번 생각해보는 시간을 갖도록 하자.

인도의 마더 테레사 수녀, 이순신 장군, 안중근 의사 등의 일생을 보자. 그들의 일생을 보면 알 수 있듯이 내 인생의 의미는 내가 만드는 것이다. 만약 화목한 가정을 꾸미는 것이 내 인생의 목표요 의미라면 그런 인생의 목표를 이루기 위해서는 내가 지금 어떤 행동을 해야 할 것인가를 생각해보자.

진행절차

① 수식관 명상
② 주제와 관련된 강의
③ 자신이 살아야 되는 이유와 자신이 귀중하게 생각하는 가치관이 무엇인지를 생각하게 하고 다음으로 구체적으로 어떻게 살아갈 것인가를 생각하여 종이에 적게 한다.
④ 다음에 이것을 발표하게 한다.
⑤ 참여자들은 발표자가 발표한 내용을 듣고 느낀 감정이나 생각을 솔직하게 표현하도록 한다.
⑥ 소감발표시간에는 활동을 통하여 배운 것과 느낀 것을 돌아가면서 발표한다.
⑦ 진행자는 영적이며 관찰자적인 자기를 강조한다. 참나는 평소에 생각하고 있는 자기보다도 훨씬 더 크고 위대하고 신비스러운 존재임을 깨닫게 한다.
⑧ 수식관 명상

(12) 자신의 미래상에 대한 심상화(10년 후 나의 모습) 및 마무리

목 적

10년 후 자신이 바라던 것이 이루어진 모습을 상상하게 함으로써 내가 무엇을 해야 할 것이고 무엇을 해서는 안 될 것인가를 생각하도록 한다. 단약의 필요성을 자각하도록 하는 데 있다.

강의 요약

사람은 자기가 믿는 대로 이루어진다. 진정으로 자신이 바라는 것이 이루어질 것이라고 확신한다면 이루어질 가능성이 많다. 자신이 간절히 바라게 될 때 자신의 몸과 마음이 자연스레 그런 방향으로 움직이게 된다. 자신이 최선을 다할 때 하느님도 자신을 도와준다. 지금 이 시간에는 자신이 정말 바라는 것이 무엇인지를 생각하고 자신이 바라는 것들이 이루어졌다고 상상하도록 한다. 10년 후 자신이 바라던 꿈이 이루어진 모습을 상상해보자. 그 때 자신의 나이, 가족이나 친구의 나이, 자신의 용모의 변화, 사신이 사는 곳, 직업, 자신의 성격이나 대인관계 등이 어떻게 되어 있는지를 생각해보자.

가족들과 행복하게 살면서 직장 생활을 잘 하고 있는 자신의 모습을 상상하는 것이 중요하다.

예를 들어 10년 후에 내가 진정으로 바라는 행복한 가정이 이루어졌다고 생각하자. 그렇다면 그것을 위해 지금 내가 당장 무엇을 해야 할까?

진행절차

① 수식관 명상
② 주제와 관련된 강의
③ 자신이 바라는 것이 이루어진 모습을 상상한 다음에 그런 자기의 모습을 종이에 적는다.
④ 다음에 이것을 발표하게 한다.
⑤ 참여자들은 발표자가 발표한 내용을 듣고 느낀 감정이나 생각을 솔직하게 표현하도록 한다.

⑥ 소감발표시간에는 활동을 통하여 배운 것과 느낀 것을 돌아가면서 발
표한다.

⑦ 진행자는 영적이며 관찰자적인 자기를 강조한다. 참나는 평소에 생각
하고 있는 자기보다도 훨씬 더 크고 위대하고 신비스러운 존재임을 깨
닫게 한다.

⑧ 수식관 명상

---

4. 자기사랑하기 프로그램의 효과

결 과

박상규(2002b)는 자기사랑하기 프로그램을 보호관찰소 수강대
상자집단에 실시하였는데, 그 결과 마약류 중독자의 우울한 기
분이 줄어들고 삶에 대한 느낌이 향상되었으며 자기존중감도 다
소 높아진 것으로 나타났다. 프로그램 실시 전과 실시 후에 측
정한 각 질문지 점수의 평균과 표준 편차는 〈표 4〉에 제시되어
있다.

〈표 4〉 집단의 사전-사후검사의 평균과 차이검증

측정치	사전검사	사후검사	t
	평균(표준편차)	평균(표준편차)	
Beck우울증 척도	11.43(6.71)	7.21(11.97)	2.37 *
자기존중감	29.29(2.79)	31.14(4.15)	-2.05
삶에 대한 느낌	44.79(7.79)	50.64(8.21)	-2.95 *

* $P < .05$

우울한 기분에서의 시기간의 차이

프로그램 전과 프로그램 후에 BDI로 측정한 우울 정도는 〈표 4〉와 〈그림 10〉에 제시되어 있다. 우울의 변화를 알아보기 위하여 두 측정 시기간의 우울의 차이를 비교한 결과, 프로그램 전에 비하여 처치 후에 우울 점수가 유의하게 감소하였다.

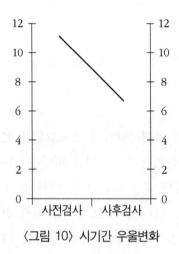

〈그림 10〉 시기간 우울변화

자존감에서의 시기간의 차이

자아존중감척도를 사용하여 프로그램 전과 후에 자존감을 측정한 결과는 〈표 4〉와 〈그림 11〉에 나타나 있다. 자존감의 변화를 알아보기 위하여 두 측정 시간의 점수를 측정한 결과 프로그램 시작 전에 비하여 프로그램이 끝난 후에 자존감이 다소 향상되었다.

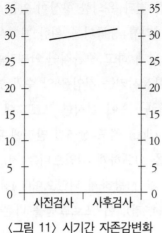

〈그림 11〉 시기간 자존감변화

삶에 대한 느낌에서의 시기간의 차이

　프로그램 전과 후에 삶에 대한 느낌 척도로 삶에 대한 느낌을
측정한 결과는 〈표 4〉와 〈그림 12〉에 제시되어 있다. 삶에 대
한 느낌이 프로그램 시작 전과 후에 따라 차이가 있는지를 알아

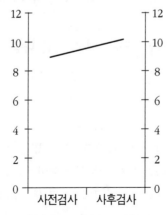

〈그림 12〉 시기간 삶에 대한 느낌 변화

보기 위하여 측정한 결과 유의한 향상이 있는 것으로 나타났다.

이러한 결과는 마약류 중독자를 위한 자기사랑하기 프로그램이 우울한 기분을 낮게 하고 주관적인 안녕감을 가지게 하며 자기존중감을 다소 향상시키는 것임을 알 수가 있다.

또 프로그램이 끝난 후에 실시한 프로그램 평가 설문지(부록 1)를 분석한 결과, Likert 척도 상 5점 만점에 평균 4점 이상으로 평가하였다. 자신을 이해하게 되었으며(4.1점), 자신을 존중하게 되었고(4.2점), 자신을 사랑하게 되었으며(4.4점), 단약에 대한 결심을 하게 되었고(4.3점), 이 프로그램을 다른 사람에게 권해주고 싶다고(4.2점) 표현하였다(박상규, 2002b). 한편 전영민(2002)은 자기사랑하기 프로그램을 알코올 중독환자에게 맞게 수정하여 실시한 결과 우울증이 감소되었다고 하였으며 치료에 대한 동기를 불어넣는 데 많은 도움이 되었다고 하였다.

5. 자기사랑하기 프로그램 시행 후의 소감문 내용

다음은 자기사랑하기 프로그램을 마친 다음에 참여자들이 발표한 소감문 내용이다.

사례 1

자기사랑하기란 프로그램교육을 받으면서 많은 것을 느꼈습니다. 첫째로, 나 자신을 사랑하고, 나를 소중히 하여야 한다고 생각합니다. 둘째로, 막연히 생각했던 나의 미래를 구체적으로 생각하며 제 머릿속에 그리게 되었습니다. 셋째로, '난 할 수 있다'란 마음으로 결단력 있게 약을 끊었습니다. 그리고 배짱 있게 사회생활을 하려고 결심하였습니다. 비록 마약전과자라는 낙인은 찍혔지만 한 번 실수로 끝내겠습니다. 그리고 남들보다 더 열심히 보람차고 행복하게 살겠습니다.

세례 2

.......마약에 대해서 알게 되고 자신을 사랑하는 것을 배우게 되니 얼마나 나를 아끼지 못하였나 하는 생각이 많이 들었습니다. 앞으로의 삶도 새롭게 할 수 있는 용기도 갖게 되었고, 자신을 사랑하고, 남도 사랑하고, 마약도 끊고, 밝고 건전하고 활기찬 생활의 삶 속으로 이끌어주셔서 감사드립니다. 아울러 같이 수강하신 분들도 좋은 생각과 맑은 마음을 가지시고 잘 이겨나가시길 바라고, 이렇게 만난 인연들을 기억하겠습니다.

세례 3

.... 머릿속으로 생각했던 계획들이 수강교육을 받으면서 토론과 발표를 통해 다시 한 번 정리를 하는 시간을 갖게 되어 좋은 느낌으로 마감을 하게 되었습니다. 마약 투여 죄로 처음에 억지로 참석했는데, 교육을 받아보니 느끼는 점이 너무 많아 알찬 교육이었다고 생각합니다. 다시 한 번 다짐합니다. 마약은 나와 이별입니다. 절대로 두 번 다시 마약을 하지 않겠습니다. ...... 앞으로 내 인생에 오늘의 교육 프로그램이 많은 도움이 될 것이라고 느꼈습니다.

세례 4

얼마 되지 않는 짧은 기간 내 교육을 통해 저에게는 얻은 것이 너무나 많습니다. 교육에 대한 불신이 처음에는 너무 컸거든요. 하지만 하루하루 위트 있는 교육방침과 흥미 있게 교육을 하시는 모습에 저는 오히려 교육 시간이 기다려지곤 했습니다. 교육을 통해 진정한 저의 모습을 조금씩 찾게 되었고, 또한 지난 일들을 돌이키며 자기에 대한 반성의 기회가 되었다고 생각합니다. 교육을 가슴 깊이 새기며 늘 교육받는다라고 생각하며 지난 잘못을 잊기로 하고, 참된 교육을 항상 되새기며 저에게 주어진 일에 최선을 다하며 살겠습니다.

세례 5

지금까지 교육을 받으며 생각하고 발표했던 것들은 제가 살아오면서 생각해보지 못했던 것들이었습니다. 사실 지금 저도 놀랍습니다. 나도 이런 생각과 마음가짐을 가질 수 있다는 것에 말입니다. 하지만 저는 믿습니다. 사람이 간절히 소원하고 바라면 꼭 이루어진다는 것을.... 이번 교육을 받으며 제가 한 생각들과 바람들, 각오를 마음 깊숙이 새기고 꼭 이룰 수 있게 노력해보겠습니다. 평생 처음 받아보는 마음에 와 닿는 교육이었습니다.

참고문헌

강승규(1995). 나를 존중하는 삶. 학지사.

권도훈(2001). 국립부곡병원 부설 마약류 중독진료소의 치료원칙. 2001년도 마약류 중독자 치료 · 재활 심포지엄.

경기도, 이미형 알코올 중독센터(2002). 알코올 · 약물중독자 치료와 재활을 위한 치료공동체. 도서출판 KOSACC.

김경민(미발간). 집단상담.

김교헌(2002). 심리학적 관점에서 본 중독. 한국심리학회지 : 건강, 7. 159-179.

김광일, 김재환, 원호택(1984). 간이정신진단검사. 서울 : 중앙적성출판부.

김기석 역(1982). 상담과 심리치료. 중앙적성출판부.

김선남(2001). 자기성장 집단상담 모형과 프로그램. 중앙적성출판사.

김병채, 이순자(1999). 몸, 정서, 마음 및 영의 건강을 위한 의식호흡 프로그램(1). 학생생활연구 : 창원대학교 학생생활연구소, 12, 1-32.

김영채(1995). 사고와 문제해결심리학. 법문사.

김영채(1999). 창의적 문제해결. 교육과학사.

김인자(1994). 현실요법의 적용. 한국심리상담연구소.

김인자 역(2001). 긍정적 중독. 한국심리상담연구소.

김정빈(1997). 마음을 다스리는 법 위빠사나 명상. 둥지

김정택(1978). 특성불안과 사회성과의 관계. 고려대학교 대학원, 석사학위 논문.

김중술(1998). 사랑의 의미. 서울대학교 출판부.

김창윤(2001). 정신장애 평가도구. 하나의학사.

노승수(1999). 용서 프로그램이 대학생의 부모에 대한 태도에 미치는 효과. 창원대학교 교육대학원, 석사학위논문.

민성길(2001). 최신정신의학. 일조각.

박경, 최순영(2002). 심리검사의 이론과 활용. 학지사.

박상규(1998). 마약류 환자를 위한 자기사랑하기 프로그램. 국립부곡병원.

박상규, 손명자(2000). 정신분열병 환자를 위한 조망적 사회기술훈련, 한국심리학회지 : 임상 19(4), 629-643.

박상규(2002a). 마약류 중독자를 위한 자기사랑하기 프로그램 개발. 상담학 연구, 3(1). 97-108.

박상규(2002b). 마약류 중독자를 위한 자기사랑하기 프로그램 개발과 효과. 한국심리학회지 : 임상 21(4). 693-703.

박성진(2002). 마약류 사범 재범방지대책. 2002 마약류 퇴치 심포지엄.

성상경(2001). 알코올 약물중독 치료의 실제. 하나의학사.

식약청, 마약퇴치운동본부(2001). 효과적인 중독치료원칙. 2001 마약류 중독자 치료·재활 심포지엄.

어선선(2001). 문제해결의 여러기법. 갑진출판사.

유영대 역(2000). 천재 A반을 위한 스트레스 탈출. 비앤비

유택규, 박상규, 김미영, 유은희, 강병조(2001). 필로폰 남용 환자와 알코올 남용 환자의 MMPI 비교. 생물정신의학, 7(2). 194-199.

이동식(1985). 현대인과 노이로제. 현대의학서적사.

이동식(1997). 현대인과 스트레스. 도서출판 한강수.

이명신(1998). 근로자의 주관적 삶의 질과 그 영향 요인. 연세대학교 대학원 박사학위논문.

이영호, 송종용(1991). BDI, SDS, MMPI-D척도의 신뢰도 및 타당도에 관한 연구. 한국심리학회지 : 임상 10, 98-113.

이은정, 조성호(2000). 심리적 상처 경험에 대해 글쓰기 고백의 효과. 한국심리학회지 : 상담 및 심리치료(12) 205-220.

이완재(2001). 공자에서 퇴계까지. 이문출판사.

이호준 역(1996). 나는 누구인가. 청하

이희구 역(1994). 문제해결의 노하우. 한마음사.

인문교(2002). 마약류 감정과 남용약물. 2002. 마약류퇴치 심포지엄.

일타 큰스님(1997). 자기를 돌아보는 마음. 효림.

전병제(1974). 자아개념측정가능성에 관한 연구. 연세논총, 11.

전영민(2002). 알코올 의존 환자를 위한 자기사랑하기 프로그램 개발 및 효과. 한국심리학회지 : 임상, 21, 1-12.

정명훈(2002). 의료용 마약류관리 현황 및 치료보호 활성화방안. 2002 마약류 퇴치 심포지엄.

정태혁(1998). 붓다의 호흡과 명상 I, II. 정신세계사.

조대경 역(1985). 정신분석 입문. 범문사.

조성남(1999). 재발예방. 한국약물상담연구, 2, 3-23.

조성남(2002). 마약류 중독의 치료 및 재활발전 방향. 2002. 마약류 퇴치 심포지움.

주왕기, 곽영숙, 주진형(2000). 약물남용 어떻게 치료할 것인가. 신일상사.

진영호, 박상규, 권석환, 윤태호, 장기용, 정원후, 장진열(2000). 필로폰 남용 환자의 MMPI 양상. 중독정신의학, 4(1). 24-29.

천강래(1992). 명상이 안정성에 미치는 영향, 고려대학교 교육대학원 석사학위논문.

최선화(1996). 청소년과 약물남용. 홍익사.

최영희 · 이정흠 역(1997). 인지치료. 하나의학사.

최창원(2002). 국가 마약류 퇴치정책. 2002. 마약류 퇴치 심포지엄.

채규만(2002). 약물중독에 대한 인지행동치료적 접근. 2002. 마약류 퇴치 심포지엄.

한국마약퇴치운동본부(1998). 마약류 및 약물남용 예방교육 교재.

한광수 역(1999). 단주를 위한 사회기술훈련. 하나의학사.

한동세(1982). 정신과학. 일조각.

황선정(1998). 수식관 명상이 중학생의 충동성, 불안, 주의집중에 미치
　는 효과, 가톨릭대학교 대학원 석사학위논문.

홍성화, 홍미기(2001). 비행청소년은 치료된다. 홍익재.

American Psychiatric Association (1994). *Diagnostic and statistical
manual of mental disorder*, 4th ed. Washington Dc, American
Psychiatric Press.

Beck, A. T., Wright, F. W., Newman, C.F., & Liese, B. (1993).
Cognitive therapy of substance abuse. New York: Guilford
press.

Brooner, R. K., Herbst, J. H., Schmidt, C. W., Bigelow, G.E., &
Costa. P. T. (1993). Antisocial personality disorder among
drug abusers relations to other personality diagnoses and the
five-factor model of personality. *The Journal of Nervous and
Mental Disease, 181*, 313-319.

Budney, A. J., & Higgins, S. T. (1998). *Therapy manual for drug
addiction. A community reinforcement plus vouchers
approach : Treating cocaine addiction*. U.S. National Institute
on Drug Abuse.

Campbell, B. K., & Stark, M. J. S. (1990). Psychopathology and
personality characteristics in different forms of substance
abuse. *The International Journal of the Addictions, 25*(120),
467-1474.

Carroll, K. M. (1992). *Therapy manual for drug addiction. A
cognitive−behavioral approach : Treating cocaine addiction*.
U.S. National Institute on Drug Abuse.

Closser, M. H., & Kosten, T. R. (1992). *Alcohol and cocaine abuse : A comparison of epidemiology and clinical characteristics resent development in alcoholism, 10, alcohol and cocaine : similarities and difference,* New York, Plenum Press.

Fanning, P., & O'Neill, J. T. (1996). *The addition workbook, Okland;* New Harbinger Publication, INC.

Hall, J. E., Williams, J. E., & Button, K. (1993). Cluster analysis of MMPI scale of patients involuntarily committed for chemical dependency treatment. *Psychological Reports 73,* 739-744.

Johnson, R. S., & Tobin, J. W., & Cellucci, T. (1992). Personality characteristics of cocaine and alcohol abusers; More alike than different. *Addiction behavior, 17.* 159-166.

Ladd, J. S. (1996). MMPI-2 critical item norms in chemically dependent inpatients. *Journal of Clinical Psychology, 52,* 367-372.

Legan, L., & Craig R. J. (1992) Correspondence of MMPI and MMPI-2 with chemical dependent patients. *Journal of Clinical Psychology 52,* 589-597.

Levintal, C. F. (2002). *Drugs, behavior, and modern society.* Boston: Allyn and Bacon.

Oyefeso, A. (1995). Psychological, social and behavioral correlates of substance use and misuse. *Current Opinion Psychiatry 8,* 184-188.

Tarter, R. E. (1988). Are there inherited behavioral traits that predispose to substance abuse? *Journal of Consulting and Clinical Psychology, 56*(2): 189-196.

Wanberg, K. W., & Milkman, H, B. (1998). *Criminal conduct and substance abuse treatment.* London: SAGE Publication, Inc.

Yalom, D. (1985). *The theory and practice of group psychotherapy.* New York Basic Book., INC.

제4장 부록

부록 1. 자기사랑하기 프로그램의
효과에 대한 설문지

부록 2. 국립부곡병원 부설 마약류
진료소 병동 주간프로그램

부록 3. 마약류관리에 관한 법률

부록 4. 마약류관리에 관한 법률 시행
규칙

〈부록 1〉

자기사랑하기 프로그램의 효과에 대한 설문지

이름   날짜

 본 문항은 프로그램에 대한 한 분 한 분의 생각을 묻는 문장입니다.
자신의 생각과 가장 일치하는 말에 ∨표를 해주십시오.

1. 자기사랑하기 프로그램을 통해서 있는 그대로의 나(자신)를 이해하
   게 되었다.
   □ ① 전혀 아니다   □ ② 아니다   □ ③ 보통이다
   □ ④ 그렇다   □ ⑤ 아주 그렇다

2. 자기사랑하기 프로그램을 통해서 나(자신)를 존중하는 마음을 가지
   게 되었다.
   □ ① 전혀 아니다   □ ② 아니다   □ ③ 보통이다
   □ ④ 그렇다   □ ⑤ 아주 그렇다

3. 자기사랑하기 프로그램을 통해서 나(자신)를 사랑하는 마음을 가지
   게 되었다.
   □ ① 전혀 아니다   □ ② 아니다   □ ③ 보통이다
   □ ④ 그렇다   □ ⑤ 아주 그렇다

4. 자기사랑하기 프로그램을 통해서 약을 끊겠다는 마음(단약에 대한
   의지)을 가지게 되었다.
   ☐ ① 전혀 아니다   ☐ ② 아니다   ☐ ③ 보통이다
   ☐ ④ 그렇다   ☐ ⑤ 아주 그렇다

5. 자기사랑하기 프로그램을 다른 사람(약을 하고 있는 사람)에게도
   권하고 싶다.
   ☐ ① 전혀 아니다   ☐ ② 아니다   ☐ ③ 보통이다
   ☐ ④ 그렇다   ☐ ⑤ 아주 그렇다

〈부록 2〉

국립부곡병원 부설 마약류 진료소 병동 주간프로그램

요일 시간	월	화	수	목	금	토
06:30	기　　상 (면도, 좌욕)					
07:30	아 침 식 사 (음악감상)					
09:30	아　침　체　조					
09:40	아　침　투　약					
09:50	명　　상					병실정리
10:00 ~ 11:30	치료교육 활동 (재활 치료과)	치료교육 활동 (임상 심리과)	가족면담 면회날 VTR시청	집단활동	치료교육 활동 (사회 사업과)	노래방
12:00	점 심 식 사 (음악감상)					
13:30	치료팀 회의	요 가 (수간호사)	환자개별 면담 (주치의)	병실 정리	약물중독 교육 및 행동요법 (의료부장)	시청각 교육 (간호사)
14:00 ~ 15:30	재발방지 교육 (원장)		가족면담 면회날 VTR시청	체육 및 산책		
15:30	도서 대출 산책	산책			산책	
17:00	저 녁 식 사 (음악감상)					
19:50	저　녁　투　약					
20:00	화 · 금요일 전 화 사 용					
21:30	취　　　침					

〈부록 3〉

마약류관리에 관한 법률
[제정 2002.12.26 법률 제06824호]

제1장 총칙

제1조 (목적) 이 법은 마약·향정신성의약품·대마 및 원료물질의 취급·관리를 적정히 함으로써 그 오용 또는 남용으로 인한 보건상의 위해를 방지하여 국민보건 향상에 이바지함을 목적으로 한다. 〈개정 2002.12.26〉

제2조 (정의) 이 법에서 사용하는 용어의 정의는 다음과 같다. 〈개정 2002.12.26〉

1. "마약류"라 함은 마약·향정신성의약품 및 대마를 말한다.
2. "마약"이라 함은 다음 각목의 1에 해당하는 것을 말한다.
   가. 양귀비·아편 및 코카엽
   나. 양귀비·아편 및 코카엽에서 추출되는 모든 알카로이드로서 대통령령이 정하는 것
   다. 가목 및 나목에 열거된 것과 동일하게 남용되거나 또는 해독작용을 일으킬 우려가 있는 화학적 합성품으로서 대통령령이 정하는 것
   라. 가목 내지 다목에 열거된 것을 함유하는 혼합물질 또는 혼합제제. 다만, 다른 약물이나 물질과 혼합되어 가목 내지 다목에 열거된 것으로 다시 제조 또는 제제할 수 없고, 그것에 의하여 신체적 또는 정신적 의존성을 일으키지 아니하는 것으로서 보건

복지부령이 정하는 것(이하 "한외마약"이라 한다)을 제외한다.

3. 제2호 가목의 양귀비·아편·코카엽의 정의는 다음과 같다.

　가. "양귀비"라 함은 파파베르 솜니페룸 엘, 파파베르 세티게룸 디·시를 말한다.

　나. "아편"이라 함은 양귀비의 액즙이 응결된 것과 이를 가공한 것(의약품으로 가공한 것을 제외한다)을 말한다.

　다. "코카엽"이라 함은 코카관목(에리드록시론 속의 모든 식물을 말한다)의 잎을 말한다. 다만, 에크고닌·코카인 및 에크고닌 알카로이드가 모두 제거된 잎은 그러하지 아니하다.

4. "향정신성의약품"이라 함은 인간의 중추신경계에 작용하는 것으로서 이를 오용 또는 남용할 경우 인체에 현저한 위해가 있다고 인정되는 다음 각목의 1에 해당하는 것으로서 대통령령이 정하는 것을 말한다.

　가. 오용 또는 남용의 우려가 심하고 의료용으로 쓰이지 아니하며 안전성이 결여되어 있는 것으로서 이를 오용 또는 남용할 경우 심한 신체적 또는 정신적 의존성을 일으키는 약물이나 이를 함유하는 물질

　나. 오용 또는 남용의 우려가 심하고 매우 제한된 의료용으로만 쓰이는 것으로서 이를 오용 또는 남용할 경우 심한 신체적 또는 정신적 의존성을 일으키는 약물이나 이를 함유하는 물질

　다. 가목 및 나목에 규정된 것보다 오용 또는 남용의 우려가 상대적으로 적고 의료용으로 쓰이는 것으로서 이를 오용 또는 남용할 경우 그리 심하지 아니한 신체적 의존성 또는 심한 정신적 의존성을 일으키는 약물이나 이를 함유하는 물질

　라. 다목에 규정된 것보다 오용 또는 남용의 우려가 상대적으로 적고 의료용으로 쓰이는 것으로서 이를 오용 또는 남용할 경우 다목에 규정된 것보다 신체적 또는 정신적 의존성을 일으킬 우려가 적은 약물이나 이를 함유하는 물질

　마. 가목 내지 라목에 열거된 것을 함유하는 혼합물질 또는 혼합

제제. 다만, 다른 약물이나 물질과 혼합되어 가목 내지 라목에 열거된 것으로 다시 제조 또는 제제할 수 없고, 그것에 의하여 신체적 또는 정신적 의존성을 일으키지 아니하는 것으로서 보건복지부령이 정하는 것을 제외한다.

5. "대마"라 함은 대마초(칸나비스사티바엘)와 그 수지 및 대마초 또는 그 수지를 원료로 하여 제조된 일체의 제품을 말한다. 다만, 대마초의 종자·뿌리 및 성숙한 대마초의 줄기와 그 제품을 제외한다.

6. "마약류취급자"라 함은 다음 가목 내지 사목에 해당하는 자로서 이 법의 규정에 의하여 허가 또는 지정을 받은 자와 아목 및 자목에 해당하는 자를 말한다.

가. 마약류수출입업자 : 마약의 수입 또는 향정신성의약품의 수출입을 업으로 하는 자를 말한다.

나. 마약류제조업자 : 마약 또는 향정신성의약품의 제조(제제 및 소분을 포함한다. 이하 같다)를 업으로 하는 자를 말한다.

다. 마약류원료사용자 : 한외마약 또는 의약품을 제조함에 있어서 마약 또는 향정신성의약품을 원료로 사용하는 자를 말한다.

라. 대마재배자 : 섬유 또는 종자를 채취할 목적으로 대마초를 재배하는 자를 말한다.

마. 마약류도매업자 : 마약류소매업자·마약류취급의료업자·마약류관리자 또는 마약류취급학술연구자에게 마약 또는 향정신성의약품을 판매함을 업으로 하는 자를 말한다.

바. 마약류관리자 : 의료법에 의한 의료기관(이하 "의료기관"이라 한다)에 종사하는 약사로서 그 의료기관에서 환자에게 투약 또는 투약하기 위하여 교부하는 마약 또는 향정신성의약품의 조제·수수 및 관리의 책임을 진 자를 말한다.

사. 마약류취급학술연구자 : 학술연구를 위하여 마약 또는 향정신성의약품을 사용하거나, 대마초를 재배하거나 대마를 수입하여 사용하는 자를 말한다.

아. 마약류소매업자 : 약사법의 규정에 의하여 등록한 약국개설자로서 마약류취급의료업자의 처방전에 의하여 마약 또는 향정신성의약품을 조제하여 판매함을 업으로 하는 자를 말한다.

자. 마약류취급의료업자 : 의료기관에서 의료에 종사하는 의사·치과의사·한의사 또는 수의사법에 의하여 동물진료에 종사하는 수의사로서 의료 또는 동물진료의 목적으로 마약 또는 향정신성의약품을 투약 또는 투약하기 위하여 교부하거나 마약 또는 향정신성의약품을 기재한 처방전을 발부하는 자를 말한다.

7. "원료물질"이라 함은 마약류가 아닌 물질중 마약 또는 향정신성의약품의 제조에 사용되는 물질로서 대통령령이 정하는 것을 말한다.

8. "원료물질취급자"라 함은 원료물질의 제조·수출입·매매에 종사하거나 이를 사용하는 자를 말한다.

9. "군수용마약류"라 함은 국방부 및 그 직할기관과 육·해·공군에서 관리하는 마약류를 말한다.

제3조 (일반행위의 금지) 누구든지 다음 각호의 1에 해당하는 행위를 하여서는 아니 된다. 〈개정 2002.12.26〉

1. 이 법에 의하지 아니한 마약류의 사용

2. 마약의 수출

3. 마약의 원료가 되는 식물의 재배 또는 그 성분을 함유하는 원료·종자·종묘의 소지·소유·관리·수출입·매매·매매의 알선·수수 및 그 성분을 추출하는 행위. 다만, 대통령령이 정하는 바에 의하여 식품의약품안전청장의 승인을 얻은 경우에는 그러하지 아니하다.

4. 디아세칠모르핀, 그 염류 또는 이를 함유하는 것의 소지·소유·관리·수입·제조·매매·매매의 알선·수수·운반·사용·투약 또는 투약하기 위하여 교부하는 행위. 다만, 대통령령이 정하는

바에 의하여 식품의약품안전청장의 승인을 얻은 경우에는 그러하지 아니하다.

5. 마약 또는 향정신성의약품을 제조할 목적으로 원료물질을 제조·수출입·매매·매매의 알선·수수·소지·소유 또는 사용하는 행위. 다만, 대통령령이 정하는 바에 의하여 식품의약품안전청장의 승인을 얻은 경우에는 그러하지 아니하다.

6. 제2조제4호가목의 향정신성의약품 또는 이를 함유하는 향정신성의약품을 소지·소유·사용·관리·수출입·제조·매매·매매의 알선 또는 수수하는 행위. 다만, 대통령령이 정하는 바에 의하여 식품의약품안전청장의 승인을 얻은 경우에는 그러하지 아니하다.

7. 제2조제4호가목의 향정신성의약품의 원료가 되는 식물에서 그 성분을 추출하거나 그 식물을 수출입·매매·매매의 알선·수수·흡연 또는 섭취하거나 흡연 또는 섭취의 목적으로 그 식물을 소지·소유하는 행위. 다만, 대통령령이 정하는 바에 의하여 식품의약품안전청장의 승인을 얻은 경우에는 그러하지 아니하다.

8. 대마를 수입 또는 수출하는 행위. 다만, 마약류취급학술연구자가 대통령령이 정하는 바에 의하여 식품의약품안전청장의 승인을 받아 수입하는 경우에는 그러하지 아니하다.

9. 대마(대마초를 제외한다)를 제조하는 행위. 다만, 마약류취급학술연구자가 대통령령이 정하는 바에 의하여 식품의약품안전청장의 승인을 받아 제조하는 경우에는 그러하지 아니하다.

10. 대마를 매매 또는 매매의 알선을 하는 행위

11. 대마·대마초종자의 껍질을 흡연 또는 섭취하는 행위나 대마·대마초종자의 껍질을 흡연 또는 섭취의 목적으로 대마·대마초종자 또는 대마초종자의 껍질을 소지하는 행위 또는 그 정을 알면서 대마초종자·대마초종자의 껍질을 매매 또는 매매의 알선을 하는 행위

12. 제4조제1항 본문 또는 이 조의 제1호 내지 제11호에서 금지된 행위를 하기 위한 장소·시설·장비·자금 또는 운반수단을 타

인에게 제공하는 행위

제4조 (마약류취급자가 아닌 자의 마약류취급의 금지) ① 마약류취급
자가 아니면 마약 또는 향정신성의약품을 소지·소유·사용·운
반·관리·수입·수출(향정신성의약품에 한한다)·제조·조제·투
약·매매·매매의 알선·수수 또는 교부하거나, 대마를 재배·소
지·소유·수수·운반·보관·사용하거나, 마약 또는 향정신성의약
품을 기재한 처방전을 발부하거나, 한외마약을 제조하여서는 아니
된다. 다만, 다음 각호의 1에 해당하는 경우에는 그러하지 아니하다.
1. 이 법에 의하여 마약 또는 향정신성의약품을 마약류취급의료업자
   로부터 투약받아 소지하는 경우
2. 이 법에 의하여 마약 또는 향정신성의약품을 마약류소매업자로부
   터 구입 또는 양수하여 소지하는 경우
3. 이 법에 의하여 마약류취급자를 위하여 마약류를 운반·보관·소
   지 또는 관리하는 경우
4. 공무상 마약류를 압류·수거 또는 몰수하여 관리하는 경우
5. 제13조의 규정에 의하여 마약류취급자격상실자 등이 마약류취급
   자에게 그 마약류를 인계하기 전까지 소지하는 경우
6. 기타 보건복지부령이 정하는 바에 의하여 식품의약품안전청장의
   승인을 받은 경우
   ② 마약류취급자는 이 법에 의하지 아니하고는 마약류를 취급하여
서는 아니된다. 다만, 대통령령이 정하는 바에 의하여 식품의약품안전
청장의 승인을 얻은 경우에는 그러하지 아니하다.
   ③ 제1항제3호의 규정에 의하여 대마를 운반·보관 또는 소지하는
방법 및 절차에 관하여 필요한 사항은 보건복지부령으로 정한다.

제5조 (마약류취급의 제한) ① 마약류취급자는 그 업무외의 목적을 위
하여 제4조제1항 본문에 규정된 행위를 하여서는 아니된다.
   ② 이 법에 의하여 마약류를 소지·소유·운반 또는 관리하는 자는
다른 목적을 위하여 이를 사용하여서는 아니된다.

③ 식품의약품안전청장은 공익상 필요하다고 인정하는 때에는 대통령령이 정하는 바에 의하여 마약 및 향정신성의약품의 수입·수출(향정신성의약품에 한한다)·제조·판매 또는 사용을 금지 또는 제한하거나 기타 필요한 조치를 할 수 있다.

제2장 허가 등

제6조 (마약류취급자의 허가·지정) ① 마약류취급자가 되고자 하는 자는 다음 각호의 1에 해당하는 자로서 보건복지부령이 정하는 바에 따라 제1호·제2호 및 제4호에 해당하는 경우에는 식품의약품안전청장의 허가를 받아야 하고, 제3호에 해당하는 경우에는 특별시장·광역시장 또는 도지사(이하 "시·도지사"라 한다)의 허가를 받아야 하며, 제5호에 해당하는 경우에는 시장·군수 또는 구청장(자치구의 구청장에 한한다. 이하 같다)의 허가를 받아야 한다. 허가받은 사항을 변경하고자 하는 때에도 또한 같다.

1. 마약류수출입자는 약사법에 의한 수입자로서 식품의약품안전청장의 의약품품목 허가를 받거나 품목신고를 한 자
2. 마약류제조업자·마약류원료사용자는 약사법에 의하여 의약품제조업의 허가를 받은 자
3. 마약류도매업자는 약사법에 의하여 등록된 약국개설자 또는 의약품도매상의 허가를 받은 자
4. 마약류취급학술연구자는 학술연구를 위하여 마약류의 사용을 필요로 하는 자
5. 대마재배자는 섬유 또는 종자를 채취할 목적으로 대마초를 재배하고자 하는 자

② 마약류관리자가 되고자 하는 자는 마약류취급의료업자가 있는 의료기관에 종사하는 약사로서 보건복지부령이 정하는 바에 의하여 시·도지사의 지정을 받아야 한다. 지정받은 사항을 변경하고자 하는 때에도 또한 같다.

③ 다음 각호의 1에 해당하는 자는 마약류수출입업자·마약류취급학술연구자 또는 대마재배자의 허가를 받을 수 없다.

1. 금치산자·한정치산자 또는 미성년자

2. 정신질환자 또는 마약류의 중독자

3. 금고이상의 형을 받고 그 집행이 종료되거나 집행을 받지 아니하기로 확정된 후 3년이 경과되지 아니한 자

④ 제44조의 규정에 의하여 마약류취급자의 허가취소처분을 받고 2년이 경과되지 아니한 자 또는 지정취소처분을 받고 1년이 경과되지 아니한 자에 대하여는 제1항 또는 제2항의 규정에 의한 허가 또는 지정을 할 수 없다.

제7조 (허가증 등의 교부와 등재) ① 제6조제1항 또는 제2항의 규정에 의하여 허가 또는 지정을 하는 식품의약품안전청장, 시·도지사, 시장·군수 또는 구청장(이하 "허가관청"이라 한다)은 보건복지부령이 정하는 바에 의하여 마약류취급자명부에 등재하고 허가증 또는 지정서를 교부하여야 한다. 허가 또는 지정한 사항을 변경하는 경우에도 또한 같다.

② 제6조제1항 또는 제2항의 규정에 의하여 허가 또는 지정을 받은 자가 그 허가증 또는 지정서를 잃어버렸거나 못쓰게 된 때에는 보건복지부령이 정하는 바에 의하여 이를 재교부받아야 한다.

제8조 (허가증 등의 양도금지와 폐업 등의 신고 등) ① 마약류취급자는 그 허가증 또는 지정서를 대여하거나 양도하여서는 아니된다.

② 마약류취급자가 마약류취급에 관한 업무를 폐업 또는 휴업하거나 그 휴업한 업무를 재개한 때에는 보건복지부령이 정하는 바에 의하여 당해 허가관청에 그 사실을 신고하여야 한다.

③ 마약류취급자가 다음 각호의 1에 해당하게 된 때에는 해당 각호의 자는 보건복지부령이 정하는 바에 의하여 당해 허가관청에 그 사실을 신고하여야 한다. 〈개정 2002.12.26〉

1. 사망한 때 : 상속인(상속인이 분명하지 아니한 경우에는 그 상속

재산의 관리인을 말한다. 이하 같다)

2. 무능력자가 된 때 : 후견인

3. 법인이 해산한 때 : 청산인

4. 학술연구를 종료한 때 : 마약류취급학술연구자

④ 제1항의 규정에 위반하였거나 제2항 또는 제3항의 사유가 있는 때에는 당해 허가 또는 지정은 그 효력을 상실한다.

⑤ 허가관청은 제4항 및 제44조의 규정에 의하여 마약류취급자의 허가 또는 지정의 효력이 상실되었거나, 허가 또는 지정의 취소처분을 하거나, 그 업무의 정지처분을 한 때에는 보건복지부령이 정하는 바에 의하여 마약류취급자명부에 그 사항을 기재하여야 한다.

제3장 마약류의 관리

제9조 (수수 등의 제한) ① 마약류취급자는 마약류취급자가 아닌 자로부터 마약류를 양수할 수 없다. 다만, 제13조의 규정에 의하여 허가관청의 승인을 얻은 경우에는 그러하지 아니하다.

② 마약류취급자는 이 법에서 정한 경우 외에는 마약류를 양도할 수 없다. 다만, 다음 각호의 1에 해당하여 식품의약품안전청장의 승인을 얻은 경우에는 그러하지 아니하다.

1. 품목허가의 취소로 인하여 소지·소유 또는 관리하는 마약 및 향정신성의약품을 다른 마약류취급자에게 양도하고자 하는 경우

2. 마약류취급학술연구자 또는 마약류취급의 승인을 얻은 자에게 마약류를 양도하고자 하는 경우

③ 마약류제조업자·마약류원료사용자 또는 마약류취급학술연구자가 다른 마약류제조업자·마약류원료사용자 또는 마약류취급학술연구자에게 마약류(제제를 제외한다)를 양도하고자 하는 때에는 보건복지부령이 정하는 바에 의하여 식품의약품안전청장의 승인을 얻어야 한다. 〈개정 2002.12.26〉

제10조 (구입서·판매서) ① 마약류취급자는 다른 마약류취급자와 마

약을 매매 기타 수수하고자 하는 때에는 시·도지사가 발행하는 마약구입서 및 마약판매서의 용지에 필요한 사항을 기재하고 서명 또는 날인하여 교환하여야 한다.

② 제1항의 규정에 의한 마약구입서 및 마약판매서는 교환한 날부터 2년간 이를 보존하여야 한다.

제11조 (기록의 정비) ① 마약류취급자는 보건복지부령이 정하는 바에 따라 그 취급하는 마약에 관하여 장부를 비치하고 수입·제조·조제·양수·양도·투약·투약하기 위하여 교부하거나 또는 학술연구를 위하여 사용한 마약의 품명, 수량, 사용일, 상대자의 주소, 성명 및 상대자가 마약류취급자인 경우에는 그 종별과 허가증번호를 이에 기록하여야 한다.

② 마약류취급자는 보건복지부령이 정하는 바에 따라 향정신성의약품의 판매·수수에 관한 장부를 작성·비치하고, 향정신성의약품을 판매 또는 수수할 때마다 그 내용을 기재하고 매수인 또는 양수인의 서명 또는 날인을 받아야 한다. 다만, 마약류소매업자가 마약류 취급 의료업자의 처방전에 의하여 향정신성의약품을 조제하여 판매하는 경우와 보건복지부령으로 정하는 향정신성의약품에 대하여는 그 서명 또는 날인을 생략할 수 있다.

③ 마약류관리자가 있는 의료기관에 있어서는 마약류취급의료업자가 당해 의료기관에서 투약 또는 투약하기 위하여 교부하는 마약 또는 향정신성의약품에 대하여는 제1항 및 제2항의 규정에 불구하고 당해 마약류관리자가 기록하여야 한다.

④ 제1항 내지 제3항의 규정에 의한 장부는 2년간 이를 보존하여야 한다.

제12조 (사고마약류의 처리) 마약류취급자 또는 마약류취급의 승인을 얻은 자는 그 소지하는 마약류에 대하여 다음 각호의 1에 해당하는 사유가 발생한 때에는 보건복지부령이 정하는 바에 의하여 당해 허가관청(마약류취급의료업자의 경우에는 당해 의료기관의 개설허가

또는 신고관청, 마약류소매업자의 경우에는 약국개설등록관청을 말한다. 이하 같다)에 지체없이 그 사유를 보고하여야 한다.

1. 재해로 인한 상실
2. 분실 또는 도난
3. 변질 · 부패 또는 파손

제13조 (자격상실자의 마약류 처분) 마약류취급자(마약류관리자를 제외한다)가 제8조 및 제44조의 규정에 의하여 마약류취급자 자격을 상실한 때에는 당해 마약류취급자 · 상속인 · 후견인 · 청산인 및 합병후 존속 또는 신설된 법인은 보유하고 있는 마약류를 보건복지부령이 정하는 바에 의하여 당해 허가관청의 승인을 얻어 마약류취급자에게 양도하여야 한다. 다만, 당해 상속인 또는 법인이 마약류취급자인 경우에는 당해 허가관청의 승인을 얻어 이를 양도하지 아니할 수 있으며, 대마재배자의 상속인이나 그 상속재산의 관리인 · 후견인 또는 법인이 대마재배자가 되고자 신고하는 경우에는 당해 연도에 한하여 제6조제1항제5호의 규정에 의한 허가를 받은 것으로 본다.

제14조 (광고) ① 마약 및 향정신성의약품에 관하여는 의학 또는 약학에 관한 사항을 전문적으로 취급하는 신문이나 잡지에 의한 광고외의 방법으로 광고를 하여서는 아니된다.

② 마약 및 향정신성의약품의 광고에 관한 기준은 보건복지부령으로 정한다.

제15조 (마약류의 저장〈개정 2002.12.26〉) 마약류취급자와 제4조제1항제3호 내지 제6호의 규정에 의하여 마약류를 취급하는 자는 그 보관 · 소지 또는 관리하는 마약류를 보건복지부령이 정하는 바에 따라 다른 의약품과 구별하여 저장하여야 한다. 이 경우 마약에 대하여는 잠금장치가 되어 있는 견고한 장소에 저장하여야 한다. 〈개정 2002.12.26〉

제16조 (봉함) ① 마약류수출입업자 및 마약류제조업자는 그 수입 또

는 제조한 마약및 향정신성의약품의 용기 또는 포장에 보건복지부령이 정하는 바에 의하여 정부가 발행하는 봉함증지로 봉함하여야 한다. 다만, 향정신성의약품제제에 대하여는 그러하지 아니하다.

② 마약류취급자는 제1항의 규정에 의한 봉함을 하지 아니한 마약 및 향정신성의약품을 수수하지 못한다. 다만, 대통령령이 정하는 바에 의하여 식품의약품안전청장의 승인을 얻은 경우에는 그러하지 아니하다.

제17조 (용기 등의 기재사항) 마약·향정신성의약품 및 한외마약의 용기·포장 또는 첨부문서에는 보건복지부령이 정하는 사항을 기재하여야 한다. 〈개정 2002.12.26〉

제4장 마약류취급자

제18조 (마약류수출입업자) ① 마약류수출입업자가 아니면 마약을 수입하거나 향정신성의약품을 수출입하지 못한다.

② 마약류수출입업자가 마약을 수입하거나 향정신성의약품을 수출입하고자 하는 때에는 보건복지부령이 정하는 바에 의하여 품목마다 식품의약품안전청장의 허가를 받아야 한다. 허가받은 사항을 변경하고자 하는 때에도 또한 같다.

③ 제2항의 경우 제44조의 규정에 의하여 품목허가의 취소처분을 받고 1년을 경과하지 아니한 자에 대하여는 당해 품목의 허가를 하지 못한다.

제19조 (수출입의 보고) 마약류수출입업자가 마약을 수입하거나 향정신성의약품을 수출입한 때에는 보건복지부령이 정하는 바에 의하여 그 수입 또는 수출입에 관한 사항과 수입한 마약 및 향정신성의약품의 판매에 관한 사항을 식품의약품안전청장에게 보고하여야 한다.

제20조 (수입한 마약 등의 판매) 마약류수출입업자는 수입한 마약 또는 향정신성의약품을 마약류제조업자·마약류원료사용자 및 마약류도매업자외의 자에게 판매하지 못한다.

제21조 (마약류제조업자) ① 마약류제조업자가 아니면 마약 및 향정신
성의약품을 제조하지 못한다.

② 마약류제조업자가 마약 또는 향정신성의약품을 제조하고자 하는
때에는 보건복지부령이 정하는 바에 의하여 품목마다 식품의약품안전
청장의 허가를 받아야 한다. 허가받은 사항을 변경하고자 하는 때에도
또한 같다.

③ 제18조제3항의 규정은 제2항의 경우에 이를 준용한다.

제22조 (제조한 마약 등의 판매) ① 마약류제조업자는 제조한 마약을
마약류도매업자외의 자에게 판매하여서는 아니된다.

② 마약류제조업자가 제조한 향정신성의약품은 마약류수출입업자 ·
마약류도매업자 · 마약류소매업자 또는 마약류취급의료업자외의 자에
게 판매하여서는 아니된다.

제23조 (마약 등의 제조보고) 마약류제조업자가 마약 또는 향정신성의
약품을 제조한 때에는 보건복지부령이 정하는 바에 의하여 그 제조
및 판매에 관한 사항을 식품의약품안전청장에게 보고하여야 한다.

제24조 (마약류원료사용자) ① 마약류원료사용자가 아니면 마약 또는
향정신성의약품을 원료로 사용한 한외마약 또는 의약품을 제조하지
못한다.

② 마약류원료사용자가 한외마약을 제조하고자 하는 때에는 보건복
지부령이 정하는 바에 의하여 품목마다 식품의약품안전청장의 허가를
받아야 한다. 허가받은 사항을 변경하고자 하는 때에도 또한 같다.

③ 제18조제3항의 규정은 제2항의 경우에 이를 준용한다.

제25조 (마약류의 원료사용보고) 마약류원료사용자가 마약 또는 향정
신성의약품을 원료로 사용하여 한외마약 또는 의약품을 제조한 때
에는 보건복지부령이 정하는 바에 의하여 그 사용에 관한 사항을 식
품의약품안전청장에게 보고하여야 한다.

제26조 (마약류도매업자) ① 마약류도매업자는 그 영업소가 소재하는 특별시·광역시 또는 도내의 마약류소매업자·마약류취급의료업자·마약류관리자 또는 마약류취급학술연구자외의 자에게 마약을 판매하여서는 아니된다. 다만, 당해 허가관청의 승인을 얻어 판매하는 경우에는 그러하지 아니하다.

② 마약류도매업자는 마약류취급학술연구자·마약류도매업자·마약류소매업자·마약류취급의료업자 또는 마약류관리자외의 자에게 향정신성의약품을 판매하여서는 아니된다. 다만, 당해 허가관청의 승인을 얻어 판매하는 경우에는 그러하지 아니하다. 〈개정 2002.12.26〉

제27조 (마약의 도매보고) 마약을 취급하는 마약류도매업자는 보건복지부령이 정하는 바에 의하여 그 판매에 관한 사항을 당해 허가관청에 보고하여야 한다.

제28조 (마약류소매업자) ① 마약류소매업자가 아니면 마약류취급의료업자가 발부한 마약 또는 향정신성의약품을 기재한 처방전에 의하여 조제한 마약 또는 향정신성의약품을 판매하지 못한다. 다만, 마약류취급의료업자가 약사법에 의하여 자신이 직접 조제할 수 있는 경우에는 그러하지 아니하다.

② 마약류소매업자는 그 조제한 처방전을 2년간 보존하여야 한다.

제29조 (마약의 소매보고) 마약류소매업자가 마약을 판매한 때에는 보건복지부령이 정하는 바에 의하여 그 판매에 관한 사항을 약국 소재지의 시·도지사에게 보고하여야 한다.

제30조 (마약류취급의료업자) 마약류취급의료업자가 아니면 의료 또는 동물진료의 목적으로 마약 또는 향정신성의약품을 투약 또는 투약하기 위하여 교부하거나 마약 또는 향정신성의약품을 기재한 처방전을 교부하지 못한다.

제31조 (마약투약의 기록) ① 마약류취급의료업자는 마약을 투약 또는

투약하기 위하여 교부한 환자의 주소, 성명(동물인 때에는 그 종류 및 소유자의 주소·성명), 연령, 성별, 병명, 주요증상 및 투약한 마약의 품명·수량 또는 투약하기 위하여 교부한 마약의 품명·수량 및 연월일에 관한 기록을 일반의약품과 구별하여 작성·비치 및 보존하여야 한다.

② 제1항의 기록은 2년간 이를 보존하여야 한다.

③ 제1항 및 제2항의 경우에 마약류관리자가 있는 의료기관에 있어서는 당해 마약류관리자가 그 기록을 작성·비치 및 보존하여야 한다.

제32조 (처방전의 기재) ① 마약류취급의료업자는 처방전에 의하지 아니하고는 마약 또는 향정신성의약품을 투약하거나 투약하기 위하여 교부하여서는 아니된다. 다만, 약사법에 의하여 자신이 직접 조제할 수 있는 마약류취급의료업자가 진료기록부에 그가 사용하고자 하는 마약 또는 향정신성의약품의 품명과 수량을 기재하고 이를 직접 투약하거나 투약하기 위하여 교부하는 경우에는 그러하지 아니하다.

② 마약류취급의료업자가 마약을 기재한 처방전을 교부하는 때에는 당해 처방전에 발부자의 업무소소재지·상호 또는 명칭 및 면허번호를 기입하여 서명 또는 날인하고 처방전을 받은 환자의 주소·성명·성별·연령·병명 및 교부년월일을 기입하고 그 기록을 일반의약품과 구별하여 작성·비치 및 보존하여야 한다. 〈개정 2002.12.26〉

③ 제1항 및 제2항의 규정에 의한 기록은 이를 2년간 보존하여야 한다.

제33조 (마약류관리자) ① 4인이상의 마약류취급의료업자가 의료에 종사하는 의료기관의 대표자는 그 의료기관에 마약류관리자를 두어야 한다. 다만, 향정신성의약품만을 취급하는 의료기관의 경우에는 그러하지 아니하다.

② 제1항의 마약류관리자가 다음 각호의 1에 해당하는 경우에는 당해 의료기관의 대표자는 다른 마약류관리자(다른 마약류관리자가 없는 경우에는 후임 마약류관리자가 결정될 때까지 당해 의료기관에 종사하는 마약류취급의료업자)에게 관리중의 마약류를 인계하게 하고

그 이유를 당해 허가관청에 신고하여야 한다.

1. 제8조제4항의 규정에 의하여 마약류관리자 지정의 효력이 상실된 경우
2. 제44조의 규정에 의하여 마약류취급자의 지정이 취소되거나 업무 정지처분을 받은 경우

제34조 (마약 등의 관리) 마약류관리자가 있는 의료기관이 마약 및 향정신성의약품을 관리함에 있어서는 당해 마약류관리자가 당해 의료기관에서 투약하거나 투약하기 위하여 교부할 목적으로 구입 또는 관리하는 마약 및 향정신성의약품이 아니면 이를 투약하거나 투약하기 위하여 교부하지 못한다.

제35조(마약류취급학술연구자) ① 마약류취급학술연구자가 아니면 마약류를 학술연구의 목적에 사용하지 못한다.

② 마약류취급학술연구자가 마약을 학술연구에 사용하거나, 대마초를 재배하거나 대마를 수입하여 학술연구에 사용한 때에는 보건복지부령이 정하는 바에 의하여 그 사용(대마초 재배의 현황을 포함한다) 및 연구에 관한 장부를 작성하고, 이를 식품의약품안전청장에게 보고하여야 한다. 〈개정 2002.12.26〉

③ 마약류취급학술연구자가 향정신성의약품을 학술연구에 사용한 때에는 보건복지부령이 정하는 바에 의하여 그 사용 및 연구에 관한 장부를 작성하여야 한다. 〈개정 2002.12.26〉

④ 마약류취급학술연구자는 제2항 및 제3항 규정에 의하여 작성한 장부를 2년간 보존하여야 한다. 〈신설 2002.12.26〉

제36조 (대마재배자의 보고) ① 대마재배자는 보건복지부령이 정하는 바에 의하여 대마초의 재배면적과 생산현황 및 수량을 시장·군수 또는 구청장에게 보고하여야 한다.

② 대마재배자는 그가 재배한 대마초중 그 종자·뿌리 및 성숙한 줄기를 제외하고는 이를 소각·매몰 기타 그 유출을 방지할 수 있는 방

법으로 폐기하고 그 결과를 보건복지부령이 정하는 바에 의하여 시장·군수 또는 구청장에게 보고하여야 한다.

제37조 (허가 등의 제한) 허가관청은 제6조·제18조·제21조 및 제24조의 규정에 의한 허가 또는 지정을 함에 있어서 마약류의 오용 또는 남용으로 인하여 국민보건상 위해의 우려가 있다고 인정되는 경우에는 특정지역 또는 특정품목을 한정하여 허가 또는 지정을 하지 아니할 수 있다. 이 경우 특정지역 또는 특정품목에 관한 사항은 미리 공고하여야 한다.

제38조 (마약류취급자의 관리의무〈개정 2002.12.26〉) ① 마약류제조업자 또는 마약류원료사용자는 그 업무에 종사하는 종업원의 지도·감독 및 품질관리 기타 마약·향정신성의약품 및 한외마약에 관한 업무에 대하여 보건복지부령이 정하는 사항을 준수하여야 한다.

② 마약류취급자는 변질·부패·오염 또는 파손되었거나 사용기간 또는 유효기간이 지난 마약류를 판매하거나 사용하여서는 아니된다. 〈신설 2002.12.26〉

③ 마약류취급자는 그 업무에 종사하는 때에는 의료용 마약류의 도난 및 유출을 방지하기 위하여 대통령령이 정하는 사항을 준수하여야 한다. 〈신설 2002.12.26〉

제5장 마약류중독자

제39조 (마약사용의 금지) 마약류취급의료업자는 마약의 중독자에 대하여 그 중독증상을 완화하게 하거나 치료하기 위하여 마약을 투약 또는 투약하기 위하여 교부하거나 마약을 기재한 처방전을 교부하지 못한다. 다만, 제40조의 규정에 의한 치료보호기관에서 식품의약품안전청장 또는 시·도지사의 허가를 받은 때에는 그러하지 아니하다.

제40조 (마약류중독자의 치료보호) ① 식품의약품안전청장 또는 시·

도지사는 마약류사용자의 마약류중독 여부를 판별하거나 마약류중독자로 판명된 자를 치료보호하기 위하여 치료보호기관을 설치·운영하거나 지정할 수 있다.

② 식품의약품안전청장 또는 시·도지사는 마약류사용자에 대하여 제1항의 규정에 의한 치료보호기관에서 마약류중독 여부의 판별검사를 받도록 하게 하거나 마약류중독자로 판명된 자에 대하여 치료보호를 받도록 하게 할 수 있다. 이 경우 판별검사기간은 1월이내로, 치료보호기간은 6월이내로 한다.

③ 식품의약품안전청장 또는 시·도지사는 제2항의 규정에 의한 판별검사 또는 치료보호를 하고자 하는 때에는 치료보호심사위원회의 심의를 거쳐야 한다.

④ 제3항의 규정에 의한 판별검사 및 치료보호에 관한 사항을 심의하기 위하여 식품의약품안전청·특별시·광역시 및 도에 치료보호심사위원회를 둔다.

⑤ 제1항 내지 제4항의 규정에 의한 치료보호기관의 설치·운영 및 지정, 판별검사 및 치료보호, 치료보호심사위원회의 구성·운영·직무 등에 관하여 필요한 사항은 대통령령으로 정한다.

제6장 감독과 단속

제41조 (출입·검사와 수거) ① 식품의약품안전청장, 시·도지사 또는 시장·군수·구청장은 마약류 및 원료물질의 취급을 감시하고 단속할 필요가 있다고 인정하는 때에는 관계 공무원으로 하여금 마약류취급자 및 원료물질취급자의 업무소·공장·창고·대마초 재배지·약국·조제장소 그 밖에 마약류 및 원료물질에 관계가 있는 장소에 출입하여 그 구조·설비·업무현황·기록서류·의약품 그 밖의 물건을 검사하게 하거나 관계인에 대한 질문을 하게 하거나 시험용으로 필요한 최소분량에 한하여 마약류·원료물질 및 이와 관계가 있다고 인정되는 약품 및 물건을 보건복지부령이 정하는 바에 의하여

수거하게 할 수 있다. 〈개정 2002.12.26〉

② 제1항의 규정에 의하여 출입·검사 또는 수거하는 공무원은 그 권한을 표시하는 증표를 관계인에게 내보여야 한다.

제42조 (폐기명령 등) ① 식품의약품안전청장, 시·도지사 또는 시장·군수·구청장은 제12조의 규정에 의하여 보고된 마약류나 제13조의 규정에 의한 승인을 얻지 못한 마약류 및 제16조·제17조·제18조·제21조 또는 제24조의 규정에 위반하여 제조·판매·저장 또는 수입한 향정신성의약품이나 불량한 향정신성의약품 등을 공중위생상의 위해발생을 방지할 수 있는 방법으로 폐기하거나 필요한 조치를 취할 것을 마약류취급자에게 명할 수 있다. 〈개정 2002.12.26〉

② 식품의약품안전청장, 시·도지사 또는 시장·군수·구청장은 다음 각호의 1에 해당하는 때에는 관계 공무원으로 하여금 당해 물품을 폐기하거나 압류 그 밖의 필요한 조치를 하게 할 수 있다. 〈개정 2002.12.26〉

1. 제1항의 규정에 의한 명령을 받은 자가 그 명령을 이행하지 아니한 때
2. 대마재배자가 제36조제2항의 규정에 의한 폐기를 하지 아니한 때
3. 제3조제5호의 규정을 위반하여 원료물질이 제조·수출입·매매·매매의 알선·수수·소지·소유 또는 사용되거나 그러한 목적으로 저장된 원료물질이 발견된 때

제43조 (업무보고 등) 식품의약품안전청장, 시·도지사 또는 시장·군수·구청장은 마약류취급자 및 원료물질취급자에 대하여 그 업무에 관하여 필요한 사항의 보고를 하게 하거나 관계 장부 및 서류 기타 물건의 제출을 명할 수 있다. 〈개정 2002.12.26〉

제44조 (허가 등 취소와 업무정지) ① 마약류취급자가 다음 각호의 1에 해당하는 때에는 당해 허가관청은 이 법에 의한 허가(품목허가를 포함한다) 또는 지정을 취소하거나 그 업무 또는 마약류 사용의 전

부 또는 일부의 정지를 명할 수 있다. 다만, 국민보건에 위해를 끼쳤거나 또는 끼칠 우려가 있는 마약·향정신성의약품 또는 한외마약의 경우에는 그 취급자에게 귀책사유가 없고 마약·향정신성의약품 또는 한외마약의 성분·처방 등의 변경에 의하여 그 허가목적을 달성할 수 있다고 인정되는 때에는 이의 변경만을 명할 수 있다.

1. 제6조제3항제2호에 해당하는 때
2. 금고이상의 형을 받은 때
3. 이 법 또는 이 법에 의한 명령이나 처분에 위반한 때
4. 기타 마약류에 관한 법령을 위반한 때
5. 대마재배자가 정당한 이유없이 2년간 계속하여 대마초를 재배하지 아니한 때

② 제1항의 규정에 의한 행정처분의 기준은 보건복지부령으로 정한다.

제45조 (청문) 허가관청은 제44조제1항의 규정에 의하여 마약류취급자의 허가 또는 지정을 취소하고자 하는 경우에는 청문을 실시하여야 한다.

제46조 (과징금처분) ① 허가관청은 마약류취급자에 대하여 제44조제1항의 규정에 의한 업무정지처분을 하게 되는 경우에는 대통령령이 정하는 바에 따라 업무정지처분에 갈음하여 1억원 이하의 과징금을 부과할 수 있다. 이 경우 과징금의 부과는 업무정지처분으로 인하여 국민보건에 큰 위해를 가져오거나 가져올 우려가 있는 때에 한하며, 3회를 초과하여 부과할 수 없다.

② 제1항의 규정에 의한 과징금을 부과하는 위반행위의 종별 및 정도 등에 따른 과징금의 금액 기타 필요한 사항은 대통령령으로 정한다.

③ 허가관청은 제1항의 규정에 의한 과징금을 기한내에 납부하지 아니한 때에는 국세 또는 지방세체납처분의 예에 의하여 이를 징수한다.

제47조 (부정마약의 처분) 식품의약품안전청장은 이 법 기타 마약에

관한 법령에 위반하여 소지·소유·사용·관리·재배·수출입·제조·매매·매매의 알선·수수·투약 또는 투약하기 위하여 교부하거나 조제 또는 연구에 사용하는 마약에 대하여는 압류 기타 필요한 처분을 할 수 있다.

제48조 (마약류감시원) ① 제41조제1항 및 제42조제2항의 규정에 의한 관계 공무원의 직무와 기타 마약류에 관한 감시업무를 행하게 하기 위하여 식품의약품안전청, 특별시·광역시·도 및 시·군·구(자치구에 한한다. 이하 같다)에 마약류감시원을 둔다.

② 마약류감시원의 자격·직무범위 기타 필요한 사항은 대통령령으로 정한다.

제49조 (마약류 명예지도원) ① 마약류의 오용·남용을 방지하고 홍보·계몽 등을 행하기 위하여 식품의약품안전청, 특별시·광역시·도 및 시·군·구에 마약류명예지도원을 둘 수 있다.

② 마약류 명예지도원의 자격·업무범위 기타 필요한 사항은 대통령령으로 정한다.

제50조 (마약류취급자의 교육) ① 마약류취급자(대마재배자를 제외한다)는 식품의약품안전청장 또는 시·도지사가 실시하는 마약류 관리에 관한 교육을 받아야 한다.

② 제1항의 규정에 의한 마약류 관리에 관한 교육의 방법·횟수 및 내용 등에 관하여 필요한 사항은 보건복지부령으로 정한다.

제51조 (원료물질의 관리〈개정 2002.12.26〉) ① 원료물질을 수출입하는 자는 수출입할 때마다 식품의약품안전청장의 승인을 얻어야 한다. 〈신설 2002.12.26〉

② 원료물질을 제조하거나 수출입·수수 또는 매매하는 자는 제조, 수출입·수수 또는 매매(이하 이 조에서 "거래"라 한다)에 대한 기록을 작성하고 이를 2년간 보존하여야 한다. 다만, 다음 각호의 1에 해당하는 경우에는 그러하지 아니하다. 〈개정 2002.12.26〉

1. 약사법에 의하여 제조·거래에 대한 기록을 작성·보존하고 있는 제조·거래의 경우
2. 유해화학물질관리법에 의하여 제조·거래에 대한 기록을 작성·보존하고 있는 제조·거래의 경우
3. 원료물질복합제의 제조·거래의 경우
4. 통상적인 사업수행을 위한 합법적인 거래로서 대통령령이 정하는 거래의 경우
5. 대통령령이 정하는 수량 이하로 거래하는 경우

③ 원료물질취급자는 다음 각호의 1에 해당하는 경우에 그 사실을 법무부장관 또는 식품의약품안전청장에게 지체없이 신고하여야 한다. 〈개정 2002.12.26〉

1. 원료물질의 구매목적이 불확실하거나 마약 및 향정신성의약품의 불법제조에 사용될 우려가 있는 거래의 경우
2. 제1항의 규정에 의한 수량이상의 원료물질의 도난 또는 소재불명 기타의 사고가 발생한 경우

④ 제3항의 규정에 의하여 법무부장관 또는 식품의약품안전청장에게 신고한 원료물질취급자나 신고를 받은 공무원은 그 사항에 대하여 비밀을 유지하여야 한다. 〈개정 2002.12.26〉

⑤ 제1항의 승인을 얻어야 할 원료물질의 종류·승인절차에 관하여 필요한 사항은 대통령령으로 정한다. 〈신설 2002.12.26〉

⑥ 제2항 및 제3항의 규정에 의한 제조·거래기록의 작성·보존 및 신고에 관하여 필요한 사항은 보건복지부령으로 정한다. 〈개정 2002.12.26〉

제7장 보칙

제51조의2 (한국마약퇴치운동본부의 설립) ① 마약류에 대한 다음 각호의 사업을 수행하기 위하여 한국마약퇴치운동본부를 둔다.
1. 마약류의 폐해에 대한 대국민 홍보·계몽 및 교육 사업

2. 마약류 중독자의 사회복귀를 위한 사회복지 사업

3. 그 밖에 식품의약품안전청장이 필요하다고 인정하는 불법마약류
   및 약물 오·남용 퇴치와 관련된 사업

② 한국마약퇴치운동본부는 법인으로 한다.

③ 한국마약퇴치운동본부에 관하여 이 법에서 규정된 것을 제외하
고는 민법중 재단법인에 관한 규정을 준용한다.

④ 정부는 한국마약퇴치운동본부가 제1항의 사업을 하는 때에 필요
하다고 인정하는 경우 재정상의 지원을 할 수 있다.

⑤ 한국마약퇴치운동본부의 운영 등에 관하여 필요한 사항은 대통
령령으로 정한다.

[본조신설 2002.12.26]

제52조 (마약류관계자료의 수집) 보건복지부장관 및 식품의약품안전
청장은 정부 각 기관으로부터 이 법 기타 마약류관계법령의 시행에
관한 사항을 수집하며, 마약류에 대한 필요한 사항에 관하여 그 자
료의 제출을 요구할 수 있다.

제53조 (몰수마약류의 처분방법 등) ① 이 법 기타 법령이 정하는 바
에 의하여 몰수된 마약류는 시·도지사에게 이를 인계하여야 한다.

② 시·도지사는 제1항의 마약류를 인수한 때에는 이를 폐기하거나
기타 필요한 처분을 하여야 한다.

③ 제2항의 처분에 관하여 필요한 사항은 대통령령으로 정한다.

제54조 (보상금) 이 법 기타 법령이 규정하는 마약류에 관한 범죄를
발각전에 수사기관에 신고 또는 고발하거나 검거한 자에 대하여는
대통령령이 정하는 바에 의하여 보상금을 지급한다.

제55조 (수수료) 이 법에 의한 허가 또는 지정, 허가 또는 지정사항의
변경이나 허가증 또는 지정서의 재교부를 받고자 하는 자는 보건복
지부령이 정하는 바에 의하여 수수료를 납부하여야 한다.

제56조 (권한의 위임) 이 법에 의한 식품의약품안전청장 또는 시·도지사의 권한은 대통령령이 정하는 바에 따라 그 일부를 지방식품의약품안전청장, 시·도지사 또는 시장·군수·구청장에게 위임할 수 있다.

제56조의2 (군수용마약류의 취급에 관한 특례) ① 이 법의 규정에 불구하고 군수용 마약류의 소지·관리·조제·투약·수수·학술연구를 위한 사용 또는 마약류를 기재한 처방전의 발부에 관하여는 이를 국방부장관 소관으로 한다.
② 제1항의 규정에 의한 군수용마약류의 취급에 관하여 필요한 사항은 국방부령으로 정한다.
[본조신설 2002.12.26]

제57조 (다른 법률의 적용) 마약 및 향정신성의약품의 제조·관리 등에 관하여 이 법에 규정된 것을 제외하고는 약사법의 규정을 적용한다.

제8장 벌칙

제58조 (벌칙) ① 다음 각호의 1에 해당하는 자는 무기 또는 5년이상의 징역에 처한다.
1. 제3조제2호 내지 제4호, 제4조제1항, 제18조제1항 또는 제21조제1항의 규정에 위반하여 마약을 수출입·제조·매매나 매매의 알선을 한 자 또는 수출입·제조·매매나 매매의 알선을 할 목적으로 소지·소유한 자
2. 제3조제5호의 규정에 위반하여 마약 또는 향정신성의약품을 제조할 목적으로 그 원료가 되는 물질을 제조·수출입하거나 제조·수출입할 목적으로 소지·소유한 자
3. 제3조제6호의 규정에 위반하여 제2조제4호가목에 해당하는 향정신성의약품 또는 그 물질을 함유하는 향정신성의약품을 제조·수출입·매매·매매의 알선 또는 수수하거나 제조·수출입·매매·매매의 알선 또는 수수할 목적으로 소지·소유한 자
4. 제3조제7호의 규정에 위반하여 제2조제4호가목의 향정신성의약

품의 원료가 되는 식물에서 그 성분을 추출한 자 또는 그 식물을
수출입하거나 수출입할 목적으로 소지·소유한 자

5. 제3조제8호의 규정에 위반하여 대마를 수입 또는 수출한 자나 수
입 또는 수출할 목적으로 대마를 소지·소유한 자

6. 제4조제1항의 규정에 위반하여 제2조제4호 나목에 해당하는 향정
신성의약품 또는 그 물질을 함유하는 향정신성의약품을 제조 또
는 수출입하거나 제조 또는 수출입할 목적으로 소지·소유한 자

7. 제4조제1항의 규정에 위반하여 미성년자에게 마약을 수수·조
제·투약·교부한 자 또는 향정신성의약품을 매매·수수·조제·
투약·교부한 자

② 영리의 목적 또는 상습으로 제1항의 행위를 한 자는 사형·무기
또는 10년이상의 징역에 처한다.

③ 제1항 및 제2항에 규정된 죄의 미수범은 처벌한다.

④ 제1항(제7호를 제외한다) 및 제2항에 규정된 죄를 범할 목적으로
예비 또는 음모한 자는 10년이하의 징역에 처한다.

제59조 (벌칙) ① 다음 각호의 1에 해당하는 자는 1년이상의 유기징역
에 처한다. 〈개정 2002.12.26〉

1. 제4조제1항의 규정에 위반하여 마약을 소지·소유·관리 또는 수
수하거나 제24조제1항의 규정에 위반하여 한외마약을 제조한 자

2. 제3조제3호의 규정에 위반하여 수출입·매매 또는 제조의 목적으
로 마약의 원료가 되는 식물을 재배하거나 그 성분을 함유하는
원료·종자·종묘를 소지·소유한 자

3. 제3조제3호의 규정에 위반하여 마약의 성분을 함유하는 원료·종
자·종묘를 관리·수수 또는 그 성분을 추출하는 행위를 한 자

4. 제3조제4호의 규정에 위반하여 디아세칠모르핀이나 그 염류 또는
이를 함유하는 것을 소지·소유·관리·수수·운반·사용 또는
투약하거나 투약하기 위하여 교부하는 행위를 한 자

5. 제3조제5호의 규정에 위반하여 마약 또는 향정신성의약품을 제조

할 목적으로 그 원료가 되는 물질을 매매, 매매의 알선, 수수한
자 또는 매매, 매매의 알선, 수수할 목적으로 소지·소유 또는 사
용한 자

6. 제3조제6호의 규정에 위반하여 제2조제4호가목에 해당하는 향정
신성의약품 또는 그 물질을 함유하는 향정신성의약품을 소지·소
유·사용·관리한 자

7. 제3조제7호의 규정에 위반하여 제2조제4호가목의 향정신성의약
품의 원료가 되는 식물을 매매·매매의 알선 또는 수수한 자 또
는 매매·매매의 알선·수수할 목적으로 소지·소유한 자

8. 제4조제1항의 규정에 위반하여 제2조제4호다목에 해당하는 향정
신성의약품 또는 그 물질을 함유하는 향정신성의약품을 제조 또
는 수출입하거나 제조 또는 수출입할 목적으로 소지·소유한 자

9. 제4조제2항의 규정에 위반하여 마약류(대마를 제외한다)를 취급
한 자

10. 제18조제1항·제21조제1항 또는 제24조제1항의 규정에 위반하여
향정신성의약품을 수출입 또는 제조하거나 의약품을 제조한 자

11. 제4조제1항의 규정에 위반하여 대마의 수출·매매 또는 제조를
목적으로 대마초를 재배한 자

12. 제3조제9호 또는 제10호의 규정에 위반하여 대마를 제조하거나
매매·매매의 알선을 한 자 또는 대마의 제조나 매매·매매의
알선을 목적으로 대마를 소지·소유한 자

13. 제3조제11호 또는 제4조제1항의 규정에 위반하여 미성년자에게
대마를 수수·교부하거나 대마 또는 대마초종자의 껍질을 흡연
또는 섭취하게 한 자

② 상습으로 제1항의 죄를 범한 자는 3년이상의 유기징역에 처한다.

③ 제1항(제6호를 제외한다) 및 제2항에 규정된 죄의 미수범은 처벌
한다.

④ 제1항제12호의 죄를 범할 목적으로 예비 또는 음모한 자는 10년
이하의 징역에 처한다.

제60조 (벌칙) ① 다음 각호의 1에 해당하는 자는 10년이하의 징역 또
는 1억원이하의 벌금에 처한다.

1. 제5조제1항·제2항, 제9조제1항, 제28조제1항, 제30조, 제35조제1
항 또는 제39조의 규정에 위반하여 마약을 취급하거나 그 처방전
을 교부한 자

2. 제3조제1호의 규정에 위반하여 마약 또는 제2조제4호가목의 향정
신성의약품을 사용하거나 동조제12호의 규정에 위반하여 마약 또
는 제2조제4호가목의 향정신성의약품과 관련된 금지된 행위를 하
기 위한 장소·시설·장비·자금 또는 운반수단을 타인에게 제공
한 자

3. 제4조제1항의 규정에 위반하여 제2조제4호나목 및 다목에 해당하
는 향정신성의약품 또는 그 물질을 함유하는 향정신성의약품을 매
매·매매의 알선·수수·소지·소유·사용·관리·조제·투약·
교부한 자 또는 향정신성의약품을 기재한 처방전을 발부한 자

4. 제4조제1항의 규정에 위반하여 제2조제4호라목에 해당하는 향정
신성의약품 또는 그 물질을 함유하는 향정신성의약품을 제조 또
는 수출입하거나 제조 또는 수출입할 목적으로 소지·소유한 자

② 상습으로 제1항의 죄를 범한 자는 그 죄에 정하는 형의 2분의 1
까지 가중한다.

③ 제1항 및 제2항에 규정된 죄의 미수범은 처벌한다.

제61조 (벌칙) ① 다음 각호의 1에 해당하는 자는 5년이하의 징역 또
는 5천만원이하의 벌금에 처한다.

1. 제3조제3호의 규정에 위반하여 마약의 원료가 되는 식물을 재배하
거나 그 성분을 함유하는 원료·종자·종묘를 소지·소유한 자

2. 제3조제7호의 규정에 위반하여 제2조제4호가목의 향정신성의약
품의 원료가 되는 식물을 흡연 또는 섭취하거나 흡연·섭취할 목
적 또는 하게 할 목적으로 소지·소유한 자

3. 제3조제1호의 규정에 위반하여 향정신성의약품(제2조제4호가목의

향정신성의약품을 제외한다) 또는 대마를 사용하거나 동조제12호
의 규정에 위반하여 향정신성의약품(제2조제4호가목의 향정신성
의약품을 제외한다) 및 대마와 관련된 금지된 행위를 하기 위한
장소 · 시설 · 장비 · 자금 또는 운반수단을 타인에게 제공한 자

4. 제4조제1항의 규정에 위반하여 제2조제4호라목에 해당하는 향정
신성의약품 또는 그 물질을 함유하는 향정신성의약품을 매매 · 매
매의 알선 · 수수 · 소지 · 소유 · 사용 · 관리 · 조제 · 투약 · 교부한
자 또는 향정신성의약품을 기재한 처방전을 발부한 자

5. 제5조제1항 · 제2항, 제9조제1항 또는 제35조제1항의 규정에 위반
하여 향정신성의약품 또는 대마를 취급한 자

6. 제28조제1항 또는 제30조의 규정에 위반하여 향정신성의약품을
취급하거나 그 처방전을 교부한 자

7. 제4조제1항의 규정에 위반하여 대마를 재배 · 소지 · 소유 · 수수 ·
운반 · 보관하거나 이를 사용한 자

8. 제3조제11호의 규정에 위반하여 대마 · 대마초종자의 껍질을 흡연
또는 섭취하거나 대마 · 대마초종자의 껍질을 흡연 또는 섭취할
목적으로 대마 · 대마초종자 또는 대마초종자의 껍질을 소지한 자
또는 그 정을 알면서 대마초종자 · 대마초종자의 껍질을 매매 또
는 매매의 알선을 한 자

② 상습으로 제1항의 죄를 범한 자는 그 죄에 정하는 형의 2분의 1
까지 가중한다.

③ 제1항제3호 내지 제8호 및 제2항(제1항제1호 · 제2호에 위반한
경우를 제외한다)에 규정된 죄의 미수범은 처벌한다.

제62조 (벌칙) ① 다음 각호의 1에 해당하는 자는 3년이하의 징역 또
는 3천만원이하의 벌금에 처한다.

1. 제8조제1항의 규정에 위반하여 마약의 취급에 관한 허가증 또는
지정서를 대여 · 양도한 자 또는 제9조제2항 · 제3항, 제18조제2
항, 제20조, 제21조제2항, 제22조제1항, 제24조제2항, 제26조제1항

의 규정에 위반하여 마약을 취급한 자

2. 제9조제2항, 제20조, 제22조제1항, 제26조제1항의 위반행위의 상
대방이 되어 마약을 취급한 자

② 상습으로 제1항의 죄를 범한 자는 그 죄에 정하는 형의 2분의 1
까지 가중한다.

③ 제1항 및 제2항에 규정된 죄의 미수범은 처벌한다.

제63조 (벌칙) ① 다음 각호의 1에 해당하는 자는 2년이하의 징역 또
는 2천만원이하의 벌금에 처한다. 〈개정 2002.12.26〉

1. 제10조, 제11조제1항·제3항 및 제4항, 제16조, 제28조제2항, 제
31조, 제32조, 제33조제1항, 제34조의 규정에 위반하여 마약을 취
급한 자

2. 제10조제1항의 규정에 의한 구입서 또는 판매서, 제11조제1항의 규
정에 의한 장부, 제31조제1항의 규정에 의한 기록 또는 제32조제2
항의 규정에 의한 처방전에 허위의 기재를 하여 마약을 취급한 자

3. 제12조, 제17조, 제19조, 제23조, 제25조, 제27조, 제29조, 제33조
제2항, 제35조제2항, 제43조의 규정에 의한 명령을 위반하거나 보
고, 신고 또는 기재를 하지 아니한 자 또는 명령을 위반하거나 허
위의 보고, 신고 또는 기재를 하여 마약을 취급한 자

4. 제13조, 제33조제2항의 규정에 위반하여 마약을 취급한 자

5. 마약을 취급하는 자로서 정당한 이유없이 제41조제1항의 규정에
의한 출입, 검사, 수거 등을 거부, 방해 또는 기피하거나 제47조의
규정에 의한 처분을 거부, 방해 또는 기피한 자

6. 제44조의 규정에 의한 업무정지기간중에 그 업무를 행하여 마약
을 취급한 자

7. 제40조제1항의 규정에 의한 치료보호기관을 정당한 이유없이 이
탈한 자 또는 이탈한 자를 은닉한 자

8. 제40조제2항의 규정에 의한 중독판별검사 또는 치료보호를 정당
한 이유없이 거부·방해 또는 기피한 자

9. 제51조제2항의 규정에 의한 기록작성의무를 회피할 목적으로 소
   량으로 나누어 원료물질을 거래한 자
10. 제51조제1항 내지 제4항의 규정에 위반한 자
11. 제8조제1항의 규정에 위반하여 향정신성의약품의 취급에 관한
    허가증 또는 지정서를 대여·양도한 자 또는 제9조제2항·제3
    항, 제20조·제22조제2항 또는 제28조제2항의 규정에 위반하여
    향정신성의약품을 취급한 자
12. 제9조제2항, 제20조 및 제22조제2항의 위반행위의 상대방이 되
    어 향정신성의약품을 취급한 자
13. 제18조제2항 또는 제21조제2항의 규정에 위반하여 향정신성의약
    품을 취급한 자
14. 제8조제1항의 규정에 위반하여 대마의 취급에 관한 허가증을 대
    여·양도한 자 또는 제9조제2항·제3항의 규정에 위반하여 대마
    를 취급한 자
15. 제9조제2항의 위반행위의 상대방이 되어 대마를 취급한 자
② 상습으로 제1항제7호·제11호 내지 제15호의 죄를 범한 자는 그
죄에 정하는 형의 2분의 1까지 가중한다.
③ 제1항제7호·제11호 내지 제15호 및 제2항에 규정된 죄의 미수
범은 처벌한다.

제64조 (벌칙) 다음 각호의 1에 해당하는 자는 1년이하의 징역 또는 1
   천만원이하의 벌금에 처한다. 〈개정 2002.12.26〉
  1. 제8조제2항·제3항의 규정에 의한 신고를 하지 아니하거나 허위
     신고를 한 자
  2. 제14조의 규정에 위반한 자
  3. 제11조제3항·제4항, 제13조, 제16조, 제26조제2항, 제32조제1
     항·제3항, 제33조제2항, 제34조 또는 제35조제3항의 규정에 위반
     하여 향정신성의약품을 취급한 자
  4. 제26조제2항의 위반행위의 상대방이 되어 향정신성의약품을 취급

한 자

5. 제12조, 제17조, 제19조, 제23조, 제25조 또는 제33조제2항의 규정에 의한 보고·신고 또는 기재를 하지 아니하거나 허위의 보고·신고 또는 기재를 하여 향정신성의약품을 취급한 자

6. 제13조, 제33조제2항의 규정에 위반하여 마약류취급자에게 향정신성의약품을 양도 또는 인계하지 아니한 자

7. 제11조제2항, 제35조제3항의 규정에 의한 장부 또는 수급대장을 작성·비치하지 아니하거나 이를 허위로 작성하여 향정신성의약품을 취급한 자

8. 향정신성의약품을 취급하는 자 또는 원료물질취급자로서 정당한 이유없이 제41조제1항, 제42조 또는 제43조의 규정에 의한 명령을 위반 또는 허위의 보고를 하거나 검사·수거·압류 또는 처분을 거부·방해 또는 기피한 자

9. 제44조의 규정에 의한 업무정지기간중에 그 업무를 행하여 향정신성의약품을 취급한 자

10. 제12조, 제35조제2항, 제36조 또는 제43조의 규정에 의한 명령을 위반하거나 보고 또는 신고를 하지 아니한 자 또는 명령을 위반하거나 허위의 보고 또는 신고를 하여 대마를 취급한 자

11. 제36조제2항 또는 제42조제2항의 규정에 위반하여 대마를 폐기하지 아니하거나 처분을 거부·방해 또는 기피한 자

12. 제13조의 규정에 위반하여 대마를 취급한 자

13. 대마를 취급하는 자로서 정당한 이유없이 제41조제1항의 규정에 의한 임검·검사 또는 수거를 거부·방해 또는 기피한 자

14. 제44조의 규정에 의한 업무정지기간중에 그 업무를 행하여 대마를 취급한 자

14. 제44조의 규정에 의한 업무정지기간중에 그 업무를 행하여 대마를 취급한 자

15. 제15조의 규정을 위반하여 마약류를 저장한 자

16. 제35조제2항의 규정을 위반하여 장부를 작성하지 아니하거나 동

조제4항의 규정을 위반하여 장부를 보존하지 아니한 자

17. 제38조제2항의 규정에 위반하여 마약류를 판매 또는 사용한 자

제65조 삭제 〈2002.12.26〉

제66조 (자격정지 또는 벌금의 병과) ① 제58조 및 제59조에 정한 죄에 대하여는 10년이하의 자격정지 또는 1억원이하의 벌금을 병과할 수 있다.

② 제60조 내지 제64조에 정한 죄를 범한 자에 대하여는 5년이하의 자격정지 또는 각 해당 조의 벌금(징역에 처하는 경우에 한한다)을 병과할 수 있다.

제67조 (몰수) 이 법에 규정된 죄에 제공한 마약류 및 시설·장비·자금 또는 운반수단과 그로 인한 수익금은 몰수한다. 다만, 이를 몰수할 수 없는 때에는 그 가액을 추징한다.

제68조 (양벌규정) 법인의 대표자나 법인 또는 개인의 대리인·사용인 기타 종업원이 그 법인 또는 개인의 마약류업무에 관하여 이 법에 규정된 죄를 범한 때에는 행위자를 벌하는 외에 그 법인 또는 개인에 대하여도 1억원(대마의 경우에는 5천만원)이하의 벌금형을 과한다. 다만, 제61조 내지 제64조에 규정된 죄에 해당하는 경우에는 그 해당 조에서 정한 벌금형을 과한다. 〈개정 2002.12.26〉

부칙 〈제6146호, 2000.1.12〉

제1조 (시행일) 이 법은 2000년 7월 1일부터 시행한다.

제2조 (폐지법률) 마약법·향정신성의약품관리법 및 대마관리법은 이를 각각 폐지한다.

제3조 (면허·허가·지정·승인 등에 관한 경과조치) ① 이 법 시행당시 부칙 제2조의 규정에 의하여 폐지되는 마약법·향정신성의약품

관리법 또는 대마관리법(이하 "종전법률"이라 한다)의 규정에 의하여 마약수입업자 또는 향정신성의약품수출입업자로 면허 또는 허가를 받은 자는 제6조제1항제1호의 규정에 의한 마약류수출입업자로, 마약제조업자·마약제제업자·마약소분업자 또는 향정신성의약품제조업자로 면허 또는 허가를 받은 자는 제6조제1항제2호의 규정에 의한 마약류제조업자로, 한외마약제제업자 또는 향정신성의약품원료사용자로 면허 또는 허가를 받은 자는 제6조제1항제2호의 규정에 의한 마약류원료사용자로, 마약도매업자 또는 향정신성의약품도매업자로 면허 또는 지정을 받은 자는 제6조제1항제3호의 규정에 의한 마약류도매업자로, 마약취급학술연구자·향정신성의약품학술연구자 또는 대마연구자로 면허 또는 허가를 받은 자는 제6조제1항제4호의 규정에 의한 마약류취급학술연구자로, 대마재배자로 허가를 받은 자는 제6조제1항제5호의 규정에 의한 대마재배자로 본다.

② 이 법 시행당시 종전법률의 규정에 의한 마약관리자 또는 향정신성의약품관리자로 면허 또는 지정을 받은 자는 제6조제2항의 규정에 의한 마약류관리자로 본다.

③ 이 법 시행당시 종전법률의 규정에 의한 마약수입품목·마약제조품목·마약제제품목·마약소분품목의 허가, 한외마약제제품목허가, 향정신성의약품수출입품목·향정신성의약품제조품목의 허가를 받은 자는 제18조제2항, 제21조제2항 또는 제24조제2항의 규정에 의하여 품목허가를 받은 것으로 본다.

제4조 (마약류중독자의 치료보호기관 등에 관한 경과조치) 이 법 시행당시 종전법률의 규정에 의하여 식품의약품안전청장 또는 시·도지사로부터 치료보호기관으로 지정받은 자는 제40조제1항의 규정에 의한 치료보호기관으로, 식품의약품안전청장·특별시·광역시·도가 설치·운영하고 있는 치료보호심사위원회는 제40조제4항의 규정에 의한 치료보호심사위원회로 본다.

제5조 (마약류 명예지도원에 관한 경과조치) 이 법 시행전에 종전법률

의 규정에 의하여 위촉된 마약 명예지도원·향정신성의약품 명예지
도원 또는 대마명예지도원은 제49조제1항의 규정에 의한 마약류 명
예지도원으로 본다.

제6조 (처분 등에 관한 경과조치) 이 법 시행당시 부칙 제3조 내지 제
5조에 규정된 사항외에 종전법률에 의하여 행정기관이 행한 면허·
허가 그밖의 행정기관의 행위 또는 각종 신고 그밖의 행정기관에 대
한 행위는 그에 해당하는 이 법에 의한 행정기관의 행위 또는 행정
기관에 대한 행위로 본다.

제7조 (벌칙에 관한 경과조치) 이 법 시행전의 종전법률에 위반한 행
위에 대한 벌칙의 적용에 있어서는 종전법률에 의한다.

제8조 (다른 법률의 개정) ① 마약류불법거래방지에관한특례법중 다
음과 같이 개정한다.
　제1조중 "마약법·향정신성의약품관리법·대마관리법"을 "마약류
　　관리에관한법률"로 한다.
　제2조제1항중 "마약법 제2조제1항의 규정에 의한 마약, 향정신성의
　　약품관리법 제2조제1항의 규정에 의한 향정신성의약품 및 대마관
　　리법 제2조제1항의 규정에 의한 대마"를 "마약류관리에관한법률
　　제2조제2호의 규정에 의한 마약, 동조제4호의 규정에 의한 향정
　　신성의약품 및 동조제5호의 규정에 의한 대마"로 하고, 동조제2
　　항제2호를 다음과 같이 하며, 동항제3호 및 제4호를 각각 삭제하
　　고, 동조제3항중 "마약법 제62조제1항제2호(미수범을 포함한다),
　　향정신성의약품관리법 제43조제1항제2호 또는 대마관리법 제20
　　조제1항제4호(미수범을 포함한다)"를 "마약류관리에관한법률 제
　　60조제1항제2호 또는 제61조제1항제3호(미수범을 포함한다)"로
　　한다.
　2. 마약류관리에관한법률 제58조 내지 제61조의 죄
　제6조제1항제1호를 다음과 같이 하고, 동항제2호 및 제3호를 각각

삭제한다.

1. 마약류관리에관한법률 제58조(제4항을 제외한다), 제59조제1항
   내지 제3항(동조제1항제1호 내지 제5호에 관련된 행위에 한하
   며, 동항제5호중 향정신성의약품을 제외한다) 또는 제60조제1
   항제1호(상습범 및 미수범을 포함한다)에 해당하는 행위

제6조제2항제1호를 다음과 같이 하고, 동항제2호를 삭제한다.

1. 마약류관리에관한법률 제59조제1항 내지 제3항(동조제1항제5
   호 내지 제12호에 관련된 행위에 한하며, 동항제5호중 마약을
   제외한다) 또는 제60조제1항제3호(미수범 및 상습범을 포함한
   다) · 제4호(미수범 및 상습범을 포함한다)에 해당하는 행위

제33조제1항중 "마약법, 향정신성의약품관리법, 대마관리법"을 "마
약류관리에관한법률"로 한다.

② 특정범죄가중처벌등에관한법률중 다음과 같이 개정한다.

제1조중 "마약법"을 "마약류관리에관한법률"로 한다.

제11조제1항중 "마약법 제60조에"를 "마약류관리에관한법률 제58조
중 마약과 관련된"으로 하고, 동조제2항중 "마약법 제61조 · 제62
조에"를 "마약류관리에관한법률 제59조 · 제60조중 마약과 관련
된"으로 한다.

③ 청소년보호법중 다음과 같이 개정한다.

제2조제4호중 "향정신성의약품관리법의 규정에 의한 향정신성의약
품, 마약법의 규정에 의한 마약, 대마관리법의 규정에 의한 대마"
를 "마약류관리에관한법률의 규정에 의한 마약류"로 한다.

제50조제3호중 "향정신성의약품관리법, 마약법, 대마관리법"을 "마
약류관리에관한법률"으로 한다.

④ 통신비밀보호법중 다음과 같이 개정한다.

제5조제1항제6호중 "마약법"을 "마약류관리에관한법률"로 하고, 동
조동항제7호 및 제8호를 각각 삭제한다.

⑤ 보건환경연구원법중 다음과 같이 개정한다.

제5조제1항제2호중 "마약법에 의한 마약, 향정신성의약품관리법에

의한 향정신성의약품, 대마관리법에 의한 대마"를 "마약류관리에
관한법률에 의한 마약류"로 한다.

⑥ 유해화학물질관리법중 다음과 같이 개정한다.

제3조제3호를 다음과 같이 하고, 동조제4호를 삭제한다.

　3. 마약류관리에관한법률에 의한 마약 및 향정신성의약품

⑦ 의료기사등에관한법률중 다음과 같이 개정한다.

제21조제1항제2호중 "향정신성의약품관리법, 의료보험법, 보건범죄
단속에관한특별조치법, 모자보건법, 공무원및사립학교교직원의료
보험법, 마약법, 대마관리법"을 "마약류관리에관한법률, 의료보험
법, 보건범죄단속에관한특별조치법, 모자보건법, 공무원및사립학
교교직원의료보험법"으로 한다.

제9조 (다른 법령과의 관계) 이 법 시행당시 다른 법령에서 종전법률
또는 그 조항을 인용하고 있는 경우에는 그에 갈음하여 이 법 또는
그에 해당하는 이 법의 조항을 각각 인용한 것으로 본다.

부칙 〈제6824호, 2002.12.26〉

제1조 (시행일) 이 법은 공포후 6월이 경과한 날부터 시행한다. 다만,
제2조제6호 자목의 개정규정은 공포한 날부터 시행한다.

제2조 (마약류 양도 승인에 관한 경과 조치) 이 법 시행 당시 종전의
규정에 의하여 마약류 양도에 대한 승인을 얻은 자는 제9조제3항의
개정규정에 의하여 승인을 얻은 것으로 본다.

제3조 (한국마약퇴치운동본부에 대한 경과조치) 이 법 시행 당시 민법
제32조의 규정에 의하여 설립된 한국마약퇴치운동본부는 이 법에
의하여 설립된 것으로 본다.

제4조 (벌칙에 관한 경과조치) 이 법 시행전의 행위에 대한 벌칙의 적
용에 있어서는 종전의 규정에 의한다.

〈부록 4〉

마약류관리에 관한 법률 시행규칙

[제정 2000.7.1 보건복지부령 제160호 보건복지부]

제1조 (목적) 이 규칙은 마약류관리에관한법률과 동법시행령에서 위임
된 사항과 그 시행에 관하여 필요한 사항을 규정함을 목적으로 한다.

제2조 (한외마약) 마약류관리에관한법률(이하 "법"이라 한다) 제2조제
2호라목 단서의 규정에 의한 한외마약은 다음 각호의 1에 해당하는
마약의 제제(주사제의 제제를 제외한다)로 한다.

1. 100그램당 코데인, 디히드로코데인 및 그 염류는 염기로서 1그램
   이하(수제인 경우에는 100밀리리터당 100밀리그램 이하)이고, 1
   회 용량이 코데인 및 그 염류는 염기로서 20밀리그램 이하, 디히
   드로코데인 및 그 염류는 염기로서 10밀리그램 이하이며, 마약성
   분외의 유효성분이 3종 이상 배합된 제제
2. 100밀리리터당 또는 100그램당 의료용 아편이 100밀리그램 이하
   이고, 동일한 양의 토근이 배합된 제제
3. 디펜옥시레이트가 염기로서 1회용량이 2.5밀리그램 이하이고, 당
   해 디펜옥시레이트 용량의 1퍼센트 이상에 해당하는 양의 아트로
   핀설페이트를 함유하는 제제
4. 디펜옥신 1회 용량이 0.5밀리그램 이하이고, 당해 디펜옥신 용량
   의 5퍼센트 이상에 해당하는 양의 아트로핀설페이트를 함유하는
   제제
5. 마약류취급학술연구자가 학술연구목적에 사용하는 연구시험용 시
   약으로서 식품의약품안전청장이 인정한 제제

제3조 (신체적 또는 정신적 의존성을 야기하지 아니하는 제제) ① 법 제2조제4호마목 단서의 규정에 의하여 신체적 또는 정신적 의존성을 야기하지 아니하는 제제로 인정하는 기준은 다음 각호와 같다. 다만, 법 제2조제4호 나목에 해당하는 향정신성의약품을 함유한 제제는 제1호 내지 제3호의 요건에 해당하더라도 이를 신체적 또는 정신적의존성을 야기하는 제제로 본다.

1. 법 제2조제4호 다목 또는 라목의 향정신성의약품이 복합제제의 주성분이 아니어야 하며, 향정신성의약품의 성분이 2종 이상 함유한 것이 아닐 것

2. 복합제제에 함유되는 향정신성의약품의 함량은 복합제제의 1일 복용량에 함유된 향정신성의약품의 양이 당해 향정신성의약품 제조품목허가시 허가된 1일 용량(이하 "허가용량"이라 한다)의 2분의 1 이하로 치료효과를 기대할 수 있는 양일 것

3. 향정신성의약품에 신경계 작용약물이 함유된 복합제제는 그 함유된 성분 상호간에 상승작용을 야기하지 아니할 것

4. 피라비탈, 알로피라비탈, 싸이크로피라비탈 등 바르비탈류의 분자 화합물의 제제는 이에 함유된 바르비탈류의 용량을 계산하여 그 제제의 1일 복용량에 함유된 당해 성분의 함량이 각각 허가용량의 2분의 1 이하로서 치료효과를 기대할 수 있는 양일 것

5. 학술연구목적의 시약은 연구시험용으로 제조되고 단위당 함량이 1그램 이하일 것

② 제1항의 규정에 적합하여 신체적 또는 정신적 의존성을 야기하지 아니하는 제제로 인정받고자 하는 경우에는 당해 품목마다 별지 제1호서식에 의한 신청서에 이를 입증하는 근거서류를 첨부하여 식품의약품안전청장에게 제출하여야 한다.

제4조 (취급승인 신청) 마약류관리에관한법률시행령(이하 "영"이라 한다) 제3조제4항의 규정에 의하여 취급승인을 얻고자 하는 자는 별지 제2호서식에 의한 신청서에 그 자격을 증명하는 서류 사본 및 취급

계획서를 첨부하여 식품의약품안전청장에게 제출하여야 한다.

제5조 (마약류취급자가 아닌 자의 마약류 취급) ① 법 제4조제1항제6호의 규정에 의하여 마약류취급자가 아닌 자가 마약류를 취급할 수 있는 경우는 다음 각호의 1과 같다.

1. 의약품제조업자 등이 마약·향정신성의약품 또는 한외마약의 품목허가를 받기 위한 임상연구나 시제품을 제조하기 위하여 취급하는 경우

2. 의약품제조업자 등이 품질관리를 목적으로 취급하는 경우

3. 공무원이 공무수행상 부득이 마약류 취급을 필요로 하는 경우

4. 대외무역법에 의한 외국의 수출자의 위임을 받은 무역거래자가 물품매도확약서를 발행하여 마약류의 구매의 알선행위를 하는 경우

② 마약류취급자가 아닌 자가 제1항 각호의 1에 해당되어 마약류 취급승인을 얻고자 하는 자는 별지 제3호서식에 의한 신청서에 그 자격을 증명하는 서류 사본 및 취급계획서를 첨부하여 식품의약품안전청장에게 제출하여야 한다.

제6조 (마약류취급자의 예외적인 취급승인 신청) 영 제5조제2항의 규정에 의하여 마약류 취급승인을 얻고자 하는 자는 별지 제3호서식에 의한 신청서에 그 자격을 증명하는 서류 사본 및 취급계획서를 첨부하여 식품의약품안전청장에게 제출하여야 한다.

제7조 (대마의 운반·보관 등) ① 법 제4조제3항의 규정에 의하여 대마를 운반·보관 또는 소지하고자 하는 자는 별지 제4호서식에 의한 신고서를 관할 시장·군수 또는 구청장(자치구의 구청장을 말한다. 이하 같다)에게 제출하여야 한다.

② 제1항 규정에 의한 신고자는 대마를 취급할 수 있는 자격이 있는 자에게 대마를 인계하기까지 신고서를 휴대하여야 하며, 관계공무원의 요구가 있는 때에는 이를 제시하여야 한다.

제8조 (허가의 신청) ① 법 제6조제1항제1호 및 제2호의 규정에 의하

여 마약류수출입업자·마약류제조업자 또는 마약류원료사용자가 되고자 하는 자는 별지 제5호서식에 의한 허가신청서에 다음 각호의 서류를 첨부하여 식품의약품안전청장에게 제출하여야 한다.

1. 법 제6조제3항제2호에 해당되지 아니함을 증명하는 의사의 진단서(마약류수출입업자가 되고자 하는 자에 한한다)

2. 약사법에 의한 수입품목허가(신고)증 사본(마약류수출입업자가 되고자 하는 자에 한한다)

3. 약사법에 의한 의약품제조업허가증 사본(마약류제조업자 또는 마약류원료사용자가 되고자 하는 자에 한한다)

4. 정관과 등기부등본(법인인 경우에 한한다)

② 제1항의 규정에 의하여 마약류수출입업자·마약류제조업자 또는 마약류원료사용자가 되고자 하는 자는 그 업종에 속하는 1개 이상의 품목별 허가를 제32조제1항의 규정에 의하여 동시에 신청하여야 한다.

③ 법 제6조제1항제3호의 규정에 의하여 마약류도매업자가 되고자 하는 자는 별지 제5호서식에 의한 허가신청서에 약국개설등록증 사본 또는 의약품도매상허가증사본을 첨부하여 특별시장·광역시장·도지사(이하 "시·도지사"라 한다)에게 제출하여야 한다. 다만, 약사법에 의한 약국개설등록신청 또는 의약품도매상허가신청과 동시에 당해 신청서에 마약류도매업자가 되고자 하는 뜻을 명기한 경우에는 마약류도매업자허가신청서를 제출한 것으로 본다.

④ 법 제6조제1항제4호의 규정에 의하여 마약류취급학술연구자가 되고자 하는 자는 별지 제5호서식에 의한 허가신청서에 법 제6조제3항에 해당되지 아니함을 증명하는 의사의 진단서와 연구계획서 및 그 자격에 관한 서류를 첨부하여 식품의약품안전청장에게 제출하여야 한다.

⑤ 법 제6조제1항 후단의 규정에 의하여 대마재배자가 되고자 하는 자는 별지 제6호서식에 의한 허가신청서에 법 제6조제3항제2호에 해당되지 아니함을 증명하는 의사의 진단서를 첨부하여 시장·군수 또는 구청장에게 제출하여야 한다.

⑥ 법 제6조제1항 후단의 규정에 의한 마약류취급자중 대마재배자

의 허가사항의 변경허가는 재배지·재배면적·재배목적 또는 허가조
건의 변경에 한한다.

⑦ 제1항 및 제3항 내지 제6항의 규정에 의하여 마약류취급자가 되
고자 하는 자는 별표 1에 의한 수수료를 수입인지 또는 수입증지로 납
부하여야 한다.

제9조 (허가증 교부) 제8조의 규정에 의하여 식품의약품안전청장,
  시·도지사 또는 시장·군수·구청장이 마약류취급자의 허가를 한
  때에는 별지 제7호서식에 의한 마약류취급자허가증을 당해 신청인
  에게 교부하여야 한다.

제10조 (지정의 신청) ① 법 제6조제2항의 규정에 의하여 마약류관리
  자의 지정을 받고자 하는 자는 별지 제5호서식에 의한 신청서에 약
  사면허증 사본을 첨부하여 시·도지사에게 제출하여야 한다.

② 제1항의 규정에 의하여 마약류관리자의 지정을 신청하는 자는
별표 1에 의한 수수료를 특별시·광역시 또는 도(이하 "시·도"라 한
다)의 수입증지로 납부하여야 한다.

제11조 (지정서 교부) 제10조의 규정에 의하여 시·도지사는 마약류
  관리자의 지정을 한 때에는 별지 제8호서식에 의한 마약류관리자지
  정서를 당해 신청인에게 교부하여야 한다.

제12조 (허가사항 또는 지정사항의 변경) ① 법 제6조제1항 본문 후단
  또는 동조제2항 후단의 규정에 의하여 허가사항 또는 지정사항의
  변경허가(지정)를 받고자 하는 자는 별지 제9호서식에 의한 신청서
  에 그 변경을 증명하는 서류와 허가증 또는 지정서를 첨부하여 변경
  이 있는 날부터 20일 이내에 당해 식품의약품안전청장, 시·도지사
  또는 시장·군수·구청장(이하 "허가관청"이라 한다)에게 제출하여
  야 한다.

② 제1항의 규정에 의하여 허가사항 또는 지정사항의 변경허가(지
정)를 받고자 하는 자는 별표 1에 의한 수수료를 수입인지 또는 수입

중지로 납부하여야 한다.

제13조 (허가증 또는 지정서의 게시) 허가관청은 마약류취급자로 하여 금 그 허가증 또는 지정서를 당해 업소안의 다른 사람이 보기 쉬운 곳에 게시하도록 할 수 있다.

제14조 (명부등재사항) 법 제7조제1항의 규정에 의하여 마약류취급자 명부에 등재하여야 하는 사항은 다음 각호와 같다.
　1. 허가의 경우
　　가. 허가업소의 명칭·소재지 및 연락처
　　나. 대표자의 성명·주소 및 주민등록번호
　　다. 허가종별 및 허가조건
　　라. 허가번호 및 등재연월일
　　마. 재배장소(대마재배자에 한한다)
　2. 지정의 경우
　　가. 의료기관의 명칭·소재지 및 연락처
　　나. 대표자의 성명 및 주민등록번호
　　다. 마약류관리자의 성명 및 약사면허번호
　　라. 지정조건
　　마. 지정번호 및 등재연월일

제15조 (허가증 또는 지정서의 재교부 신청) ① 법 제7조제2항의 규정 에 의하여 허가증 또는 지정서를 재교부받고자 하는 자는 그 사유가 발생한 날부터 20일 이내에 별지 제10호서식에 의한 신청서에 다음 각호의 서류를 첨부하여 당해 허가관청에 제출하여야 한다.
　1. 사유서(허가증 또는 지정서를 잃어버린 때에 한한다)
　2. 허가증 또는 지정서(허가증 또는 지정서를 못쓰게 된 때에 한한다)
　② 제1항의 규정에 의하여 허가증 또는 지정서의 재교부를 받은 후 잃어버린 허가증 또는 지정서를 발견한 때에는 지체없이 이를 당해 허가관청에 반납하여야 한다.

③ 제1항의 허가증 또는 지정서의 재교부를 받고자 하는 자는 별표 1에 의한 수수료를 수입인지 또는 수입증지로 납부하여야 한다.

제16조 (폐업 등의 신고) 법 제8조제2항 및 동조제3항의 규정에 의하여 마약류취급자 또는 그 상속인·후견인 및 청산인은 마약류취급에 관한 업무를 폐업 또는 휴업하거나 그 휴업한 업무를 재개한 때에는 그 사실이 발생한 날부터 20일 이내에 별지 제11호서식에 의한 신고서에 허가증을 첨부하여 당해 허가관청에 제출하여야 하며, 폐업 신고인 경우에는 모든 품목허가증을 첨부하여 제출하여야 한다.

제17조 (허가증 등의 반납 등) ① 법 제8조제4항 및 법 제44조의 규정에 의하여 마약류취급자가 허가 또는 지정의 효력 상실 또는 취소처분을 받았거나, 그 업무의 정지처분을 받은 때에는 그 효력이 상실되거나 그 처분을 받은 날부터 20일 이내에 마약류취급자의 허가증 또는 지정서를 당해 허가관청에 반납하여야 한다.

② 법 제8조제5항의 규정에 의하여 당해 허가관청은 마약류취급자의 허가 또는 지정의효력이 상실되었거나 마약류취급자의 허가 또는 지정을 취소하거나 그 업무의 정지를 한 때에는 마약류취급자명부에 당해 처분에 관한 사항을 적어 넣어야 한다.

③ 허가관청은 법 제44조의 규정에 의하여 취급업무의 정지를 한 때에는 마약류취급자의 허가증 또는 지정서의 이면에 처분의 요지와 업무정지기간을 적어 넣고 허가증 또는 지정서를 당해 마약류취급자에게 되돌려주어야 한다.

제18조 (마약류 양도승인 신청) 법 제9조제2항 단서의 규정에 의하여 마약류의 양도승인을 받고자 하는 자는 별지 제12호서식에 의한 신청서에 계약서를 첨부하여 식품의약품안전청장에게 제출하여야 한다.

제19조 (마약류원료의 양도승인신청) ① 법 제9조제3항의 규정에 의하여 마약류제조업자·마약류원료사용자 또는 마약류취급학술연구자가 마약류원료의 양도승인을 얻고자 하는 때에는 별지 제12호서

식에 의한 신청서에 계약서를 첨부하여 업소 소재지를 관할하는
시·도지사에게 제출하여야 한다. 이 경우 시·도지사는 마약원료
의 양도승인신청이 있는 때에는 마약원료 적정수급을 위하여 양도
승인 전에 미리 식품의약품안전청장과 협의하여야 한다.

② 제1항의 규정에 의하여 시·도지사는 마약류취급자에게 마약류
원료의 양도승인을 한 경우에는 그 승인이 있는 날부터 10일 이내에
식품의약품안전청장에게 이를 보고하여야 한다.

제20조 (마약의 구입서 및 판매서) ① 법 제10조 및 영 제7조의 규정
에 의한 마약구입서 및 마약판매서는 별지 제13호서식에 의한다.

② 법 제10조 및 영 제7조의 규정에 의하여 마약구입서 및 마약판매
서의 교부를 받고자 하는 자는 별지 제14호서식에 의한 신청서를 관
할 시·도지사에게 제출하여야 한다.

③ 제2항의 규정에 의하여 시·도지사는 마약구입서 및 마약판매서
를 마약취급자에게 발행·교부한 때에는 별지 제15호서식에 의한 관
리대장 및 별지 제16호서식에 의한 교부대장을 각각 작성·비치하여
야 한다.

제21조 (기록의 정비) ① 법 제11조제1항 및 동조제2항의 규정에 의하
여 마약류를 취급하는 마약류수출입업자·마약류제조업자·마약류
원료사용자 및 마약류도매업자는 별지 제17호서식에 의한 관리대장
을 작성·비치하여야 하고, 마약류소매업자는 별지 제18호서식에 의
한 관리대장과 마약류를 조제한 처방전을 작성·비치하여야 한다.

② 법 제11조제3항 및 법 제31조의 규정에 의하여 마약류를 취급하
는 마약류취급의료업자 또는 마약류관리자는 마약은 별지 제19호서식
에, 향정신성의약품은 별지 제20호서식에 의한 관리대장을 작성·비
치하여야 한다.

③ 법 제35조제2항 및 동조제3항의 규정에 의하여 마약류취급학술
연구자는 마약류를 학술연구에 사용한 때에는 별지 제21호서식에 의
한 기록서를 작성·비치하여야 한다.

제22조 (서명 등의 생략) 법 제11조제2항 단서의 규정에 의하여 향정신성의약품을 취급한 마약류취급자가 매수인 또는 양수인의 서명 또는 날인을 생략할 수 있는 향정신성의약품은 영 별표 6 및 영 별표 7의 향정신성의약품으로 한다.

제23조 (사고마약류의 처리 등) ① 마약류취급자 또는 마약류취급의 승인을 얻은 자가법 제12조의 규정에 의하여 사고마약류의 보고를 하고자 하는 경우에는 그 사유가 발생한 날부터 20일 이내에 별지 제22호서식에 의한 보고서에 그 사실을 증명하는 서류를 첨부하여 해당 허가관청에 제출하여야 한다.

② 제1항의 규정에 의하여 사고마약류의 보고를 받은 해당 허가관청은 이를 식품의약품안전청장에게 보고하여야 한다.

③ 제1항의 사실을 증명하는 서류는 관할 시·도지사 또는 수사기관에서 발급하는 서류에 한한다.

④ 마약류취급자는 법 제12조제3호에 해당하는 사고마약류를 폐기하고자 하는 때에는 별지 제23호서식에 의한 신청서에 제3항의 서류를 첨부하여 해당 허가관청에 제출하여야 한다.

⑤ 제4항의 규정에 의한 폐기신청을 받은 해당 허가관청은 당해 폐기처분대상 마약류가 법 제12조제3호에 해당하는지 여부 등을 관계 공무원 입회하에 확인한 후 이를 소각하여 폐기처분하도록 하여야 한다.

⑥ 시·도지사 또는 시장·군수·구청장은 제5항의 규정에 의한 폐기처분을 한 때에는 별지 제24호서식에 의한 보고서를 지체없이 식품의약품안전청장에게 제출하여야 한다.

제24조 (자격상실자의 마약류처리) ① 법 제13조 본문의 규정에 의하여 마약류취급자(마약류관리자를 제외한다)가 법 제8조 및 법 제44조의 규정에 의하여 마약류취급자의 자격을 상실한 때에 당해 마약류취급자·상속인·후견인·청산인 및 합병후 존속 또는 신설된 법인이 보유하고 있는 마약류의 양도에 관한 승인을 얻고자 하는 경우에는 별지 제12호서식에 의한 신청서에 계약서를 첨부하여 해당 허

가관청에 제출하여야 한다.

② 법 제13조 단서의 규정에 의하여 대마재배자의 상속인이나 그 상속재산의 관리인·후견인 또는 법인이 대마재배자가 되고자 하는 때에는 별지 제25호서식에 의한 신고서를 관할 시장·군수 또는 구청장에게 제출하여야 한다.

③ 제1항 및 제2항의 규정에 의한 신청 또는 신고는 마약류취급자의 자격이 상실된 날부터 20일 이내에 하여야 한다.

제25조 (마약 및 향정신성의약품의 광고기준) 법 제14조제2항의 규정에 의한 마약 및 향정신성의약품의 광고기준은 다음 각호와 같다.

 1. 마약 및 향정신성의약품의 명칭, 제조방법, 효능이나 효과에 관하여 허가를 받은 사항 외의 광고를 하여서는 아니된다.

 2. 마약 및 향정신성의약품의 효능이나 효과를 광고하는 때에는 다음 각목의 광고를 하여서는 아니된다.

　가. 우수한 치료효과를 나타낸다는 등으로 그 사용결과를 표시 또는 암시하는 광고

　나. 적응증상을 서술적 또는 위협적인 표현으로 표시 또는 암시하는 광고

　다. 마약 및 향정신성의약품의 사용을 직접 또는 간접적으로 강요하는 광고

 3. 마약 및 향정신성의약품의 사용에 있어서 이를 오·남용하게 할 염려가 있는 표현의 광고를 하여서는 아니된다.

 4. 마약 및 향정신성의약품에 관하여 의사·치과의사·수의사 또는 약사나 기타의 자가 이를 지정·공인·추천·지도 또는 신용하고 있다는 등의 광고를 하여서는 아니된다.

 5. 의사·치과의사·수의사 또는 약사가 마약 및 향정신성의약품의 제조방법, 효능이나 효과 등에 관하여 연구 또는 발견한 사실에 대하여 의학 또는 약학상 공인된 사항 이외의 광고를 하여서는 아니된다.

6. 마약 및 향정신성의약품에 관하여 그 사용자의 감사장이나 체험기를 이용하거나 구입·주문쇄도 기타 이와 유사한 뜻을 표현하는 광고를 하여서는 아니된다.

7. 마약 및 향정신성의약품의 제조방법, 효능이나 효과 등에 관하여 광고에 문헌을 인용하는 경우에는 의학 또는 약학상 인정된 문헌에 한하여 인용하되, 인용문헌의 본뜻을 정확하게 전하여야 하며 연구자의 성명, 문헌명과 발표연월일을 명시하여야 한다.

8. 마약 및 향정신성의약품을 광고할 때에는 다른 의약품·마약 또는 향정신성의약품을 비방하거나 비난한다고 의심되는 광고 또는 외국제품과 유사하다거나 보다 우수하다는 내용 등의 모호한 표현의 광고를 하여서는 아니된다.

9. 마약 및 향정신성의약품의 부작용을 부정하는 표현 또는 부당하게 안전성을 강조하는 표현의 광고를 하여서는 아니된다.

10. 마약 및 향정신성의약품을 판매하는 때에는 사은품 또는 현상품을 제공하거나 마약 및 향정신성의약품을 상품으로 제공하는 방법에 의한 광고를 하여서는 아니된다.

제26조 (마약의 저장) 법 제15조의 규정에 의한 마약의 저장기준은 다음 각호와 같다.

1. 다른 의약품의 저장장소와 별도로 구획된 곳에 저장할 것
2. 마약저장시설은 일반인이 쉽게 발견할 수 없는 장소에 설치하되 이동할 수 없도록 설치할 것
3. 마약저장시설은 이중으로 잠금장치가 된 철제금고일 것

제27조 (봉함증지의 교부신청) 법 제16조제1항의 규정에 의하여 봉함증지를 교부받고자 하는 자는 별지 제26호서식에 의한 신청서에 수입상황보고서 또는 생산완료보고서를 첨부하여 식품의약품안전청장에게 제출하여야 한다.

제28조 (마약 및 향정신성의약품의 봉함) ① 법 제16조제1항의 규정에

의하여 마약류수출입업자 또는 마약류제조업자는 수입 또는 제조한
마약의 용기 또는 포장에는 별지 제27호서식에 의한 봉함증지로, 수
입 또는 제조한 향정신성의약품(향정신성의약품제제를 제외한다)의
용기 또는 포장에는 별지 제28호서식에 의한 봉함증지로 봉함하여
야 한다.

② 제1항의 규정에 의하여 봉함을 하고자 하는 때에는 오손 또는 파
손된 봉함증지를 사용하여서는 아니된다.

③ 제1항 규정에 의한 봉함은 그 봉함증지를 파손하지 아니하면 내
용을 꺼낼 수 없도록 밀봉하여야 한다.

④ 마약류수출입업자 또는 마약류제조업자는 제2항의 규정에 의하
여 사용하지 못하는 봉함증지가 발생한 경우에는 별지 제29호서식에
의한 보고서에 오손 또는 파손된 봉함증지를 첨부하여 식품의약품안
전청장에게 제출하여야 한다.

제29조 (봉함하지 아니한 마약 및 향정신성의약품의 수수 승인신청)
법 제16조제2항단서 및 영 제9조의 규정에 의하여 봉함하지 아니한
마약 및 향정신성의약품을 수수하고자 하는 자는 별지 제30호서식
에 의한 신청서에 그 사유서를 첨부하여 식품의약품안전청장에게
제출하여야 한다.

제30조 (용기 등의 기재사항) 법 제17조의 규정에 의하여 마약 및 향
정신성의약품의 용기·포장 또는 첨부문서에 기재하여야 하는 사항
은 다음 각호와 같다.
 1. 마약류수출입업자·마약류제조업자 또는 마약류원료사용자의 상
  호 및 주소
 2. 제품명(대한약전 또는 식품의약품안전청장이 인정하는 공정서에
  실려있는 명칭을 말하고 그 명칭이 실려있지 아니한 경우에는 일
  반명칭을 말한다)
 3. 수입허가번호 또는 제조번호
 4. 중량·용량 또는 개수

5. 대한약전에 실려있는 마약 및 향정신성의약품에 있어서는 "대한
   약전"이라는 문자와 대한약전에서 용기나 포장에 기재하도록 정
   하여진 사항
6. 적색으로 표시된 "마약"·"향정신성" 또는 "한외마약"이라는 문자
7. 저장방법·사용기한 또는 유효기한
8. 대한약전에 실려있지 아니한 마약 및 향정신성의약품의 경우에는
   그 유효성분의 명칭(일반명칭이 있는 것은 일반명칭 및 분량을
   말한다)
9. 성상
10. 효능·효과
11. 방부제를 사용하는 경우 그 명칭 및 분량

제31조 (준용) 제30조에 규정된 것 외의 용기 등의 기재사항에 관하여
는 약사법시행규칙 제71조 내지 제73조의 규정을 준용한다. 이 경우
"의약품"은 "마약"·"향정신성의약품" 또는 "한외마약"으로 본다.

제32조 (수출입·제조품목허가신청 등) ① 법 제18조제2항, 법 제21조
제2항 또는 법 제24조제2항의 규정에 의하여 마약·향정신성의약품
또는 한외마약의 수입·수출 또는 제조품목허가를 받고자 하는 자
는 별지 제31호서식에 의한 신청서에 다음 각호의 서류를 첨부하여
식품의약품안전청장에게 제출하여야 한다.
1. 약사법시행규칙 제27조의 규정에 의한 안전성·유효성 심사결과
   통지서로서 2년이 경과되지 아니한 것 또는 안전성·유효성 심사
   에 필요한 자료
2. 약사법시행규칙 제27조의2의 규정에 의한 기준 및 시험방법 심사
   결과 통지서로서 2년이 경과되지 아니한 것. 다만, 대한약전, 식
   품의약품안전청장이 인정하는 공정서 및 의약품집에 실려 있는
   품목 또는 식품의약품안전청장이 따로 기준 및 시험방법을 고시
   한 품목의 경우에는 이를 제출하지 아니한다.
3. 1989년 1월 1일이후 제조(수입)품목의 허가를 받은 전문의약품으

로 약사법 제2조제12항에서 정하고 있는 신약과 동일한 마약·향
정신성의약품 또는 한외마약(제형이 다른 동일 투여경로의 품목
을 포함한다)인 경우 식품의약품안전청장이 정하는 생물학적동등
성시험계획서, 생물학적동등성에 관한 시험자료, 비교임상시험계
획서 또는 비교임상시험 성적에 관한 자료

4. 임상시험을 목적으로 제조 또는 수입하고자 하는 마약·향정신성
의약품 또는 한외마약인 경우에는 약사법시행규칙 제23조제1항제
1호 라목의 규정에 의하여 식품의약품안전청장이 정하여 고시하
는 자료

5. 수입품의 경우 다음에 해당하는 당해 품목의 제조 및 판매에 관
한 서류(신약으로 개발중인 품목으로서 임상시험 목적으로 수입
품목허가를 받고자 하는 경우를 제외한다). 이 경우 첨부서류의
요건 등에 관한 세부사항은 식품의약품안전청장이 정하여 고시하
는 바에 의한다.

가. 당해 품목을 제조하고 있는 국가에서 적법하게 제조되고 있음
을 증명하는 서류

나. 당해 품목을 허가하거나 등록받은 국가에서 적법하게 판매되
고 있음을 증명하는 서류

6. 식품의약품안전청이 정하는 약효동등성 입증이 필요한 마약·향
정신성의약품 또는 한외마약인 경우에는 생물학적동등성시험계획
서, 생물학적동등성에 관한 시험자료, 비교용출시험에 관한 자료
등 식품의약품안전청장이 정하여 고시하는 자료

② 마약 또는 향정신성의약품의 수입허가공인증명서를 발급받고자
하는 자는 별지 제32호서식에 의한 신청서에 수입요건확인서를 첨부
하여 식품의약품안전청장에게 제출하여야 한다.

③ 제1항 및 제2항의 규정에 의한 품목허가 등을 받고자 하는 자는
별표 1에 의한 수수료를 수입인지로 납부하여야 한다.

제33조 (품목허가사항 변경허가신청) ① 법 제18조제2항 후단, 법 제

21조제2항 후단 또는 법 제24조제2항 후단의 규정에 의하여 마약·
향정신성의약품 또는 한외마약의 수입·수출 또는 제조품목허가 사
항에 대한 변경허가를 받고자 하는 자는 별지 제33호서식에 의한
신청서에 그 허가증 및 변경을 증명하는 서류를 첨부하여 식품의약
품안전청장에게 제출하여야 한다.

② 제1항의 규정에 의한 변경허가를 받고자 하는 자는 별표 1에 의
한 수수료를 수입인지로 납부하여야 한다.

제34조 (품목허가증 등) 제32조제1항 및 제33조제1항의 규정에 의하
여 식품의약품안전청장은 마약·향정신성의약품 또는 한외마약의
수입·수출 또는 제조품목허가(변경허가를 포함한다)를 하는 때에
는 품목허가대장에 다음 사항을 적어 넣고 별지 제34호서식에 의한
품목허가증을 당해 신청인에게 교부하여야 한다.

1. 마약류취급자의 상호·종별 및 허가번호
2. 제품명
3. 품목허가번호 및 허가연월일
4. 품목변경사항 및 변경연월일(변경허가한 경우에 한한다)

제35조 (수출입·제조 현황보고) ① 법 제19조의 규정에 의하여 마약
류 수출입업자가 마약을 수입하거나 향정신성의약품을 수출입한 때
에는 별지 제35호서식에 의한 보고서에 이를 증명하는 서류를 첨부
하여 수출입한 날부터 10일 이내에 식품의약품안전청장에게 제출하
여야 한다.

② 법 제23조의 규정에 의하여 마약류제조업자는 마약 또는 향정신
성의약품(제제를 제외한다)을 제조한 때에는 별지 제36호서식에 의한
생산완료보고서를 생산이 완료된 날부터 10일 이내에 식품의약품안전
청장에게 제출하여야 한다.

③ 법 제19조, 법 제23조 및 법 제25조의 규정에 의하여 마약류수출
입업자·마약류제조업자 또는 마약류원료사용자는 별지 제37호서식에
의하여 마약·향정신성의약품 및 한외마약의 생산·수출입 및 판매실

적을 매사업연도 종료후 2월 이내에 식품의약품안전청장에게 보고하여야 한다.

제36조 (원료사용보고) 법 제25조의 규정에 의하여 마약류원료사용자는 마약 또는 향정신성의약품을 원료로 사용하여 한외마약 또는 의약품을 제조한 때에는 매 반기종료후 20일 이내에 별지 제38호서식에 의한 보고서를 식품의약품안전청장에게 제출하여야 한다.

제37조 (도 · 소매 보고 등) ① 법 제27조, 법 제29조 및 법 제35조제2항의 규정에 의하여 마약을 취급하는 마약류도매업자 · 마약류소매업자 및 마약류취급학술연구자는 매월 마약의 판매 또는 사용실적이 기재된 별지 제39호서식에 의한 보고서를 다음 달10일까지 당해 허가관청에 제출하여야 한다.

② 법 제35조제2항의 규정에 의하여 대마를 취급하는 마약류취급학술연구자는 매반기의 대마초의 재배 및 연구현황을 매반기가 종료된 다음 달 10일까지 별지 제40호서식에 의한 보고서를 지방식품의약품안전청장에게 제출하여야 한다.

제38조 (대마재배자의 보고) 법 제36조제1항의 규정에 의하여 대마초의 재배면적 · 생산현황 및 수량을 보고하고자 하는 대마재배자는 매년 2회(전반기에는 5월31일까지, 하반기에는 매년 11월 30일까지) 별지 제41호서식에 의한 보고서를 시장 · 군수 또는 구청장에게 제출하여야 한다.

제39조 (대마의 폐기보고) 법 제36조제2항의 규정에 의하여 대마재배자는 그가 재배한 대마초중 종자 · 뿌리 및 성숙한 줄기를 제외하고는 이를 시장 · 군수 또는 구청장이 지정하는 공무원의 입회하에 폐기하여야 하며, 입회자의 확인을 받아 그 폐기한 날부터 10일 이내에 별지 제42호서식에 의한 보고서를 시장 · 군수 또는 구청장에게 제출하여야 한다.

제40조 (마약류제조업자 또는 마약류원료사용자의 준수사항) 법 제38
조의 규정에 의하여 마약류제조업자 또는 마약류원료사용자가 준수
하여야 하는 사항은 다음 각호와 같다.

1. 보건위생상의 위해가 없도록 그 제조소 및 제조시설을 위생적으
   로 관리할 것
2. 종업원에 대한 지도·감독을 철저히 하여 보건위생상의 사고가
   발생하지 아니하도록 할 것
3. 보건위생상의 위해가 발생할 염려가 있는 물건은 이를 제조소에
   두지 아니할 것
4. 마약 또는 향정신성의약품의 원료와 그 제품에 대한 자가시험을
   행하고 그 시험을 행한 기록을 작성·비치하여야 하며 그 기록
   을 2년간 보존할 것
5. 제조관리기준서·제품표준서 등에 의하여 유효성분의 함량 등이
   정확하게 생산할 것
6. 마약 또는 향정신성의약품의 원료와 그 제품이 변질되거나 부패
   되지 아니하도록 안전하게 일반의약품과 별도로 분리하여 저
   장·관리할 것
7. 제조소의 제조업무에 관하여 필요한 기록을 작성·비치할 것
8. 제조관리를 철저하게 하여 제품을 제조한 경우 별표 2의 손실허
   용기준에 적합하도록 제조할 것

제41조 (마약 중독자에 대한 마약사용허가신청) 법 제39조 단서의 규
정에 의하여 치료보호기관의 장은 마약 중독자에 대한 마약 사용허
가를 받고자 하는 때에는 별지 제43호서식에 의한 신청서를 식품의
약품안전청장 또는 시·도지사에게 제출하여야 한다.

제42조 (수거증 등) 법 제41조의 규정에 의하여 관계공무원이 마약류
를 수거하거나 법 제47조의 규정에 의하여 부정마약류를 압류하는
때에는 별지 제44호서식에 의한수거증(압류증)을 피수거인 또는 피
압류인에게 교부하여야 한다.

제43조 (행정처분기준) 법 제44조제2항의 규정에 의한 행정처분기준
은 별표 3과 같다.

제44조 (과징금 징수절차) 영 제16조의 규정에 의한 과징금의 징수절
차에 관하여는 세입징수관사무처리규칙을 준용한다.

제45조 (마약류감시원증 교부) 법 제48조 및 영 제17조의 규정에 의하
여 식품의약품안전청장, 시·도지사 또는 시장·군수·구청장은 마
약류감시원을 임명한 때에는 별지 제45호서식에 의한 마약류감시원
증을 교부하여야 한다.

제46조 (마약류명예지도원증 교부) 법 제49조 및 영 제18조의 규정에
의하여 식품의약품안전청장, 시·도지사 또는 시장·군수·구청장
은 마약류명예지도원을 위촉한 때에는 별지 제46호서식에 의한 마
약류명예지도원증을 교부하여야 한다.

제47조 (마약류취급자의 교육) ① 법 제50조의 규정에 의하여 마약류
수출입업자·마약류제조업자·마약류원료사용자 및 마약류학술연
구자는 식품의약품안전청장이, 마약류도매업자·마약류소매업자·
마약류관리자 및 마약류취급의료업자(법 제6조제2항의 규정에 의한
마약류관리자를 둔 의료기관의 마약류취급의료업자를 제외한다. 이
하 이 조에서 같다)는 시·도지사가 실시하는 마약류관리에 관한 교
육을 받아야 한다.

② 제1항의 규정에 의한 교육은 1회 2시간으로 하되, 그 교육을 받
을 시기는 법 제2조제6호의 규정에 의한 마약류취급자(대마재배자를
제외한다. 이하 이 조에서 같다)로 허가받은 후 1년 이내로 한다.

③ 식품의약품안전청장 또는 시·도지사는 마약류의 오·남용이 심
각하거나 마약류관련 법령의 개정 등으로 마약류관리에 관한 교육이
필요하다고 인정되는 때에는 제2항의 규정에 불구하고 1년에 1회에
한하여 추가로 교육을 실시할 수 있다.

④ 제1항의 규정에 의하여 교육을 실시하는 식품의약품안전청장 및

시·도지사는 마약류취급자에 대한 교육계획을 전년도 말까지 수립하여 교육을 실시하되, 그 계획에는 교육대상자의 편의를 위하여 매년 2회 이상 교육을 실시하는 내용이 포함되어야 한다.

⑤ 마약류취급자에 대한 교육내용에 포함되어야 하는 사항은 다음 각호와 같다.

1. 마약류의 판매 및 봉함에 관한 사항, 사고의 처리 및 보고에 관한 사항, 마약류취급 관련업무의 양도·양수에 관한 사항, 마약류취급 관련업무의 기록정비에 관한 사항과 보관·저장에 관한 사항

2. 마약 및 향정신성의약품의 수입 및 제조의 보고에 관한 사항, 원료 및 제품에 대한 자가시험 관련기록의 작성·비치에 관한 사항과 용기 등에의 기재에 관한 사항(마약류취급자중 마약류수출입업자 및 마약류제조업자에 한한다)

3. 마약 및 향정신성의약품의 투약 및 처방전의 기록에 관한 사항 (마약류취급자중 마약류취급의료업자에 한한다)

4. 기타 마약류 관련법령의 준수에 관한 사항 등 식품의약품안전청장 또는 시·도지사가 따로 정하는 사항

⑥ 식품의약품안전청장 및 시·도지사는 마약류취급자에 대한 교육을 실시한 때에는 교육을 받은 자에게 수료증을 교부하여야 하며, 그 교부대장을 관리하여야 한다.

⑦ 시·도지사는 약사법 제13조의2의 규정에 의한 연수교육 또는 의료법 제28조제2항의 규정에 의한 보수교육을 실시하는 때에는 제1항 또는 제3항의 규정에 의한 마약류관리에 관한 교육을 공동으로 실시할 수 있다.

제48조 (마약 및 향정신성의약품 원료물질거래 등의 신고 등) ① 법 제51조제4항의 규정에 의하여 법 제3조제5호의 규정에 의한 원료물질을 영 제19조의 규정에 의하여 정하는 수량 이상 수출입·수수 또는 매매하는 자는 별지 제47호서식에 의한 거래대장을 작성하여야 한다.

② 제1항의 규정에 의한 원료물질을 제조·수입·수출 또는 판매하는 자는 법 제51조제2항 각호의 1에 해당되는 경우 별지 제48호서식에 의한 신고서에 관련서류를 첨부하여 법무부장관 또는 식품의약품안전청장에게 지체없이 제출하여야 한다.

제49조 (몰수마약류의 인계) ① 법 제53조제1항의 규정에 의하여 몰수한 마약류를 시·도지사에게 인계하는 경우에 그 기관의 장은 별지 제49호서식에 의한 마약류인계서를 작성·첨부하여야 한다.

② 제1항의 규정에 의하여 시·도지사는 마약류를 인수한 때에는 별지 제50호서식에 의한 인수증을 인계한 기관의 장에게 교부하여야 하고 별지 제51호서식에 의한 인수대장을 작성·비치하여야 한다.

제50조 (몰수마약류 공급신청서) 영 제22조제2항의 규정에 의한 몰수마약류를 공급받고자 하는 자는 별지 제52호서식에 의한 신청서를 시·도지사에게 제출하여야 한다.

부칙 〈제160호, 2000.7.1〉

제1조 (시행일) 이 규칙은 2000년 7월 1일부터 시행한다.

제2조 (다른 법령의 폐지) 마약법시행규칙·향정신성의약품관리법시행규칙 및 대마관리법시행규칙은 이를 각각 폐지한다.

제3조 (허가증 등의 재교부 등에 관한 경과조치) ① 이 규칙 시행당시 법률 제6146호 마약류관리에관한법률 부칙 제3조의 규정에 의하여 마약류취급자로 보는 자에 대하여 해당 허가관청은 2000년 12월 31 까지 이 규칙에 의한 허가증·지정서 등을 재교부하여야 한다.

② 이 규칙 시행당시 종전의 규정에 의하여 마약감시원증·향정신성의약품감시원증 또는 대마감시원증을 교부받은 자에 대하여 해당 발급관청은 2000년 9월 30일까지 이 규칙에 의한 마약류감시원증을 재교부하여야 한다.

제4조 (행정처분기준 적용에 관한 경과조치) 이 규칙 시행전의 위반행위에 대한 행정처분기준의 적용에 있어서는 종전의 규정에 의한다.

제5조 (서식개정에 관한 경과조치) 이 규칙 시행당시 종전의 규정에 의한 서식은 2000년 7월 30일까지 이 규칙에 의한 서식과 함께 사용할 수 있다.

제6조 (다른 법령과의 관계) 이 규칙 시행당시 다른 법령에서 종전의 마약법시행규칙, 향정신성의약품관리법시행규칙 또는 대마관리법시행규칙을 인용하고 있는 경우 이 규칙에 그에 해당하는 규정이 있는 때에는 종전의 규정에 갈음하여 이 규칙 또는 이 규칙의 해당 규정을 각각 인용한 것으로 본다.

찾아보기

AIDS 16

BDI 54, 56
Beck 74

DAP 54
Daytop 100
DSM-IV 18

ego 107

F 척도 55

K 척도 55
K-WAIS 54

LSD 44

MDMA 39, 41
MMPI 54, 55

N.A. 100, 101, 166
Naltrexone 96

Pd 55

Rogers 69
Rorschach 54

SCL-90-R 54
SCT 54

TAT 54
T점수 55

가난 50
가솔린 45
가스 54
가정 교육 103
가정불화 13
가족 구성원들의 자기 자리 찾기 22

가학적인 면에 쾌감 66
간염 16
간호사 68
감사 104, 129
감수성 41
감정 바라보기 121
감정적인 고통 49
강력한 동기 96
강력한 쾌감 43
강박 행동 42
강박적 집착 15
강박적으로 사용 15
개성 114
개인상담 68
개인의 통제력과 책임 83
개인화 74
거절하기 80
건강문제 13
건강염려증 척도 55
건설적인 피드백 66
경구 45
경청하고 공감 67
고양감 42
고통 14, 71
공감 70, 92
과잉일반화 74
관상 132
관점이나 생각 70
관찰자적인 112
관찰하고 있는 자기 108
괴로움 14
교감신경 39

군수 공장 39
군수용품 39
군인 39
권력의 욕구 127
궐련 41
귀중한 보석 150
귀중한 사람 150
그대로의 자기 88
극단적인 생각 74
근육긴장이완법 122
근육이완 164
금단 증상 43, 47
금단증후군 18
긍정적인 면 110
기도하기 115
기독교 23
기본적인 신념체계 73
기쁨 104, 129
기억장애 16
깨닫지 못한 부처 145
꽃동네 23

나의 마음 158
나의 몸 보살피기 148
나의 신체 158
나의 영혼 158
나의 인생의 의미나 목표가 무엇
    일까? 168
남도 자기도 모르는 나 126
남용 18
남은 보지 못하지만 스스로가 알
    고 있는 나 126

남향성-여향성 척도 55
낮은 자아개념 49
내 마음 속의 하느님 114
내가 누구인가 145
내담자 66
내담자 자체 69
내담자의 신뢰 92
내성 18, 43
내향성-외향성 척도 55
노르에피네프린 40, 41
뇌 39
뇌 변연계 중격핵 167
뇌간 40
뇌의 수용체 47
뇌의 쾌감중추 48
뇌의 항상성 47
뇌혈관 16
니코틴 39
니코틴 대체제 96

다른 사람 마음 속에 있는 하느님
    114
단약 165
담배 13, 22
대뇌 활동 41
대마초 13, 20, 22, 44
대상 119
대안의 탐색 81
대차대조 비교법 77
대처기술 72
데시프라민 47
도박 13

도취감 54
도파민 41, 47
동기 72
동료 중독자 66
동맹 66
동양적 수양 23
동일화 119
동질정체 47
두려움 66
따분함 98

마더 테레사 수녀 168
마약류 관리에 대한 법률 21
마약류 남용에 대한 악순환 14
마약사범 전문교도소 21
마음챙김 명상 132, 133, 140
마음챙김 명상법 144
마음챙김 명상훈련 133
마취제 39
만성 기관지염 44
말초신경 40
망각 116
망상 16
망상체 40
맥박 54
메사돈 21, 43, 95
메타돈 47
명상 68, 131, 164
모르핀 39, 42, 43
모발감정 52
몸을 보살피는 것 120
무의식적 질투심 67

무한한 잠재력 145
묵상 132
문제를 해결하기 80
문제의 정의 81
문제의 확인 81
문제해결단계 81
문제해결훈련 80
물질문화 104
미술치료 68
민감 70

바람직하지 못한 욕구 117
바비튜레이트 39, 42
반동형성 118
반사회성 척도 55
반사회적 성격장애 67
방어기제 116
배려 112
배설경로 52
보상 47
복식 호흡 125, 134
본드 45, 54
부부간의 갈등 16
부인 17, 66, 118, 119
부적응 71
부적인 피드백 시스템 47
부정적 감정표현하기 79
부정적인 감정 표현 22
부정적인 측면 76
부정적인 태도 49
부처의 품성 86
분노 49, 98

분말 41
불교적인 수행방법 76
불안 14, 49, 98
불안상태 58
불안장애 16
불안증 척도 55
불안척도 54
비난 17
비의료용 마약류 39
비탄화수소류 45

사고과정 73
사고행동 72
사이비 종교 13
사회기술 77
사회기술훈련 77
사회기술훈련 프로그램 68
사회복지사 68
사회적 소외감 13
삶에 대한 느낌 62, 173
상담에 대한 동기 68
상담의 과정 85
상대방의 입장 130
상처 155
상태-특성불안 척도 58
생각 다르게 하기 164
생각 멈추기 164
생각멈추기 방법 122
생리심리학 167
생물-심리-사회적 요소 51
생물-심리-사회적 접근 46
생물학적 요소 46

생성된 대사체 52
생존의 욕구 127
선험적 자기 107
성격적 취약성 90
성서 114
성욕 증가 42
성장 113
성장성 86
성적 쾌감 40
성적인 쾌감 15
세로토닌 41
섹스 13
소감나누기 142
소망을 나누는 집 101
소변 및 모발 검사 22
소변검사 97
소중한 물건 150
소크라테스식 문답법 76
손실 17
수기 23
수동-공격성 118
수식관 명상 134, 140, 142
수용 70, 72
술 22
스쳐 가는 나의 생각 108
스트레스 49, 117, 121, 164
스트레스 관리 115, 121
슬픔 73
습관성 중독 18
승화 119
식 호흡 134
식욕상실 41

신경전달 물질 41
신나 45
신비 140
신비한 관찰자적인 자기 108
신비한 존재 108
신체적 의존 17
실망감 157
실수 158
실업 13
실현 115
심근경색 16
심리적 요소 46
심리적 의존 17
심리적인 갈등 49
심리학적 평가 54
심부정맥 16
심상법 124, 164
쌍둥이 연구 46

아름다운 추억 150
아버지 48
아우타기 117
아편 20, 39, 43
안중근 의사 168
알코올 13
알코올 중독환자 174
압력 50
애정 및 사랑의 욕구 127
약리작용 41
약물 대사체 52
약물남용 선별검사 64
약물중독교육 68

약물치료 공동체 101
양가감정 66
어리석은 생각 70
억압 116
억제작용 43
에리히 프롬 112, 114
에어로졸 스프레이 45
엑스터시 21, 41
역기능적인 가정이나 도식 74
영적이며 관찰자적인 자기 140
예방하기 103
왜곡되고 비합리적인 생각 74
왜곡된 사고 74
외로움 98
외적인 현실 107
요가 68
용서 128, 155
용서하고 감사하기 115
우울 14, 68
우울 척도 55
우울증 56
우울한 기분 56, 98, 125
원효대사 71
위안 13
유기화학물질 41
유전적 소인 47
유해 환각흡 22
유혹 50
육체적인 급성 금단 증상 96
의료용 마약류 39
의부증 117
의심 40

의존 18
의처증 117
이산화질소 45
이순신 장군 168
이웃을 네 몸처럼 사랑하라 114
이혼 16
인간성에 대한 신뢰 86
인간중심적인 접근 67
인본주의 140
인본주의적 상담 69
인생의 의미를 알아보기 115
인식력 54
인지행동적 상담 68, 68, 73, 75,
    140
일상생활 23
일상생활훈련 68
일치성 69
임상 척도 55
임상병리학적 검사 23
임상심리사 68
임상심리전문가 54
임의적 추론 74
입시 위주 정책 104
있는 그대로 자기 바라보기 115

자극적인 것 13
자기 74
자기 눈에도 보이고 남에게도 보
    이는 자기 126
자기 몸 보살피기 115
자기 속임수 116
자기 용서하기 157

자기가 자신에 대하여 칭찬 161
자기는 알 수 없지만 남이 알고 있는 나 126
자기를 있는 그대로 보는 것 110
자기사랑 113
자기사랑지향적 상담 85, 88
자기사랑하기 집단상담 68
자기에 대한 사랑을 최우선 순위 114
자기의 생각 121
자기의 생각이나 감정을 있는 그대로 바라보기 164
자기존중 113
자기존중감 48
자동적 사고 73, 74
자신의 감정표현하기 78
자신의 욕구 127
자신의 욕구를 알고 충족시키기 115
자아 107
자아존중감 68
자아존중감척도 172
자조프로그램에의 참여 97
자존감 66, 68, 87
자존감 척도 61
자존감 향상 프로그램 68
자존심의 손상 13
자학적 행동 129
작업치료사 68
잠재성 86
잡념 135

장기간의 과정 97
장기간의 중단 97
장점 알아보기 115
재발방지교육 68
재발방지를 위한 전략 97
재발의 위험성 98
재활공동체 101
저항 66
전기 자극 167
전체적인 자기 116
전형적인 성격적 유형 90
전환 119
점막 54
정맥주사 43
정부관계자 21
정신과 전문의 67
정신분석적 이론 49
정신분열증 척도 55
정신질환자 21
정제 45
정제형 41
정지 122
정체감 혼란 49
조건 없이 존중 70
조절 불능 15
조절능력 54
조증 척도 55
존중 112, 114
좌절감 73, 98, 157
죄의식 49
죄책감 72
주관적 삶의 질 척도 62

주위를 다른 곳으로 돌리는 방법
123
주의집중장애 42
주인 113
중독 72
중독성 15, 43, 43
중독성 의약품 22
중독심리 13
중독자 13
중독자의 수기 24
중추신경진정제 39, 42
쥐 167, 168
즐거움 14
즐거움의 욕구 127
지킬박사와 하이드 119
직업 16
직업재활 102, 103
직장 16
직장생활 40
진솔성 69
진정으로 원하는 것 153
진정제 42, 43
진정한 사랑 115
진정한 자기 116, 119
진통제 39, 43
진해거담제 44
집단상담프로그램 67
집착 110

참나 86, 107, 109, 112, 145
참된 사랑 113
책임 112, 153

척추 135
천연 아편 43
청소년 약물중독 선별검사 64
체육활동 68
체중 42
초월적 영성 140
초인지적 112
축농증 44
취미생활 164
취약한 사람을 사랑 114
취약한 성격특성 48
치료감호소 21
치료보호조건부 기소유예 21
치료팀 68
치료환경 94
치유하기 155
칭찬 160

카페인 39
칸트 107
캅셀 45
캅셀형태 41
코카인 39, 41
콤플렉스 82
쾌감 15, 47
쾌락욕구 114
크랙 42
크로로포름 45
클로니딘 47

타당성 척도 55, 55
타인 용서하기 155

탄화수소류 45
통제 113
퇴행 117
투사 117, 119
특성 67
특정 이념 13

편집증 척도 55
평가 54
평온감 43
폐의 감염 44
폭력적 행동 42
프로이트 107, 114
피드백 66
피해망상 42
필로폰 15, 22
필로폰 주사 13

하느님의 모상대 145
하느님의 신비 86
학교생활 40
학습된 대처 유형 52
한계 66
합리화 17, 67, 117
해독만 96
해로운 결과 15
해리 118

행동 바꾸기 125, 164
행동변화 93
행복감 42
허구 척도 55
허상의 자기 110
헤로인 42, 43, 95
현실감의 부족 87
현실요법 85, 140
현실요법적 상담 83
혈중 마약류 52
호흡법 135
호흡에 주의집중 133
환각 16
환각상태 40
환각제 39, 43
환경 바꾸기 164
환청 42
활동수준 41
황홀감 43
효과의 확인 82
흥식 호흡 125
흑백논리 76
흡입제 45
흥분작용 43
흥분제 39
히스테리 척도 55

|저|자|약|력|

박상규

영남대학교 심리학과 졸업
영남대학교 대학원 심리학과 상담심리전공(석사)
계명대학교 대학원 심리학과 임상심리전공(박사)
국립부곡병원 및 부설 마약류 진료소 임상심리실장 역임
국립창원대학교 특수교육학과 겸임부교수 역임
한국임상심리학회 이사 역임
현재 꽃동네 현도사회복지대학교 사회복지학부 조교수
꽃동네 인곡자애병원 고문
임상심리전문가
정신보건임상심리사 1급
집단상담전문가

● 주요저서 및 논문

〈저서〉
『조망지향적 사회기술훈련 프로그램』(공저)

〈논문〉
"마약류 중독자를 위한 자기사랑하기 프로그램의 개발 및 효과"
"마약류 중독자를 위한 자기사랑하기 프로그램개발"
"필로폰 남용 환자의 MMPI양상"(공저)
"필로폰 남용 환자와 알코올 남용 환자의 MMPI비교"(공저)
"조망적 사회기술훈련이 정신분열병 환자의 사회기술향상에
    미치는 효과"(공저)
"정신분열병 환자의 사회기술평가"
"자활훈련중인 국민기초생활보장제도 수급대상자의 정신건강
    상태" 외 다수

● E-mail : mountain@kkot.ac.kr

마약류 중독자를 위한

자기사랑하기 프로그램

2003년 2월 5일 1판 1쇄 인쇄
2003년 2월 10일 1판 1쇄 발행

저 자 · 박상규
펴낸이 · 김진환
펴낸곳 · **학지사**
120-193 서울시 서대문구 북아현3동 187-10 혜전빌딩 2층
전 화 · 편집부 363-8661 / 영업부 363-1333 / 팩스 365-1333
홈페이지 · http://www.hakjisa.co.kr
등 록 · 1992년 2월 19일 제2-1329호
ISBN 89-7548-850-0 93180

정가 10,000원

파본은 교환하여 드립니다.

인터넷 학술논문 원문 서비스 www.eNonmun.com

이 책의 판매수익금의 일부는 마약퇴치운동에 쓰여집니다.